*traducción de*
OFELIA CASTILLO Y ENRIQUE TANDETER

# EN TORNO A
# LOS ORIGENES DE LA
# REVOLUCION INDUSTRIAL

*por*

ERIC HOBSBAWM

**siglo veintiuno editores, s.a. de c.v.**
CERRO DEL AGUA 248, DELEGACIÓN COYOACÁN, 04310 MÉXICO, D.F.

portada de germán montalvo

primera edición en español, 1971
vigesimoséptima edición, 2000
© siglo xxi editores, s.a. de c.v.
isbn 968-23-1757-6

primera edición en inglés, 1971
© eric hobsbawm

derechos reservados conforme a la ley
impreso y hecho en méxico/printed and made in mexico

# ÍNDICE

PRIMERO: **LA CRISIS GENERAL DE LA ECONOMÍA EUROPEA EN EL SIGLO XVII**    7

I. Pruebas de una crisis general, 9; Las causas de la crisis, 19; La especialización de los capitalistas feudales": el caso de Italia, 23; Las contradicciones de la expansión: Europa Oriental, 25; Las contradicciones de la expansión: mercados coloniales y ultramarinos, 27; Las contradicciones de los mercados internos, 30; Las condiciones del desarrollo económico, 37; El siglo XVII, época de concentración económica, 39; La agricultura, 41; La acumulación de capital, 48; El aparato comercial y financiero, 51.

II. El caso holandés, 53; Las condiciones para la revolución industrial, 55; Los mercados no desarrollados, 57; Mercados coloniales y de exportación, 63; Una observación sobre la historia de los precios, 69.

SEGUNDO: **EL SIGLO XVII EN EL DESARROLLO DEL CAPITALISMO**    71

TERCERO: **LOS ORÍGENES DE LA REVOLUCIÓN INDUSTRIAL BRITÁNICA**    89

PRIMERO

# LA CRISIS GENERAL DE LA ECONOMÍA EUROPEA EN EL SIGLO XVII

Deseo señalar, en este artículo, que la economía europea atravesó una "crisis general" durante el siglo XVII, última fase de la transición general de la economía feudal a la economía capitalista. Aproximadamente desde el año 1300, cuando se hizo evidente que algo marchaba mal para la sociedad feudal europea [1], hubo varias ocasiones en que ciertas zonas de Europa parecieron encontrarse al borde mismo del capitalismo. El siglo XIV en Toscana y en Flandes y los comienzos del siglo XVI en Alemania tienen un sabor a revolución "burguesa" e "industrial". Pero es recién a mediados del siglo XVII que este sabor se convierte en algo más que el condimento de un plato esencialmente medieval o feudal. Las primitivas sociedades urbanas nunca alcanzaron un éxito total en las revoluciones que anunciaron. No obstante, desde comienzos del siglo XVII la sociedad "bourgeois" avanzó sin encontrar grandes obstáculos. Por ello, la crisis del siglo XVII difiere de las que le precedieron en que condujo a una solución tan fundamental de los problemas que se habían opuesto ante-

---

[1] Perroy, Boutruche y Hilton han discutido este tema, en los últimos años, en los *Annales* y en otras publicaciones. Véase también la discusión entre Dobb, Sweezy, Takahashi, Hilton y Hill en *Sciencie and Society* 1950-53, y en el estudio general de Malowist en *Kwartalnik Historiczny* 1953, I. (Agradezco al Instituto Polaco de Londres, por la traducción de este último trabajo.)

riormente al triunfo del capitalismo, como ese sistema lo permitía. El propósito de este trabajo es ordenar parte de las pruebas que demuestran la existencia de una crisis general —crisis que algunos discuten todavía— y proponer una explicación para ella. En un artículo posterior pienso discutir además algunos de los cambios que provocó y la manera en que fueron superados. Es muy probable que durante los próximos años se lleven a cabo numerosos trabajos históricos sobre este tema y este período. En efecto: historiadores recientes de varios países se han referido a la hipotética existencia de esa "paralización general del desarrollo económico" o crisis general, de la que se ocupa este trabajo.[2] En consecuencia, conviene tener antes una visión general del problema y hasta adelantar alguna hipótesis de trabajo aunque más no sea para abrir el camino a otras más adelante.

---

[2] Braudel, *La Mediterranée... au temps de Philippe II*, 1097; Romano, *Industries Textiles et conjoncture a Florence au XVIIᵉ siècle*. (*Annales*, oct.-dec. 1952, 510). Los historiadores franceses consideran la "phase de contraction du XVIIᵉ siècle" como "un fait maintenant établi" (*Rev. Hist.*, 428, 1953, 379). En lo que sigue, mucho es lo que debo a la discusión con J. Meuvret, quien confirmó muchas de mis conjeturas de no especialista. Sin embargo, no estoy seguro de que él estaría de acuerdo con gran parte de este trabajo.

# I

# Pruebas de una crisis general

Se dispone de gran cantidad de pruebas acerca de la "crisis general". Sin embargo, debemos cuidarnos muy bien de sostener que una crisis general equivale a una regresión económica, idea esta que contaminó fuertemente la discusión sobre la "crisis feudal" de los siglos XIV y XV. Es evidente que *hubo* una regresión considerable durante el siglo XVII. Por primera vez en la historia, el Mediterráneo cesó de ser el más importante centro de influencia económica y política y eventualmente cultural y se transformó en un pantano empobrecido. Las potencias ibéricas, Italia y Turquía acusaban un retroceso evidente. En cuanto a Venecia, estaba a punto de convertirse en un centro turístico. Si se exceptúa a ciertos lugares dependientes de los estados del noroeste (por lo general puertos libres) y a la metrópolis pirata de Argel que también operaba en el Atlántico,[3] el avance fue escaso. Más hacia el norte, la declinación de Alemania es evidente aunque no absolutamente irremediable. En la Polonia báltica, Dinamarca y el Hansa declinaban. Pese a que el poder y la influencia de los Habsburgo austríacos aumentaron (en parte, quizás, debido a que los otros declinaron tan dramáticamente), sus recursos siguieron siendo escasos y su estructura política y militar débil, aun durante el período de su mayor gloria, a comienzos del siglo XVIII. Por otra parte, las potencias marítimas y sus dependencias —Inglaterra, las Provincias Unidas, Suecia— como así también Rusia y algunas zonas menores como Suiza, más bien parecían avanzar que estancarse, mientras Inglaterra daba la impresión de avanzar decididamente. Francia se encontraba en una situación intermedia aunque su

---

[3] C. A. Julien, *Histoire de l'Afrique du Nord*, 538 y ss.; puede señalarse la "revolución industrial" en la piratería, debida a la introducción de las velas nórdicas por parte de los ingleses y los holandeses.

triunfo político no se vio equilibrado por un gran avance económico hasta fines de siglo, y aun entonces sólo intermitentemente. En efecto, después de 1680 impera en las discusiones una atmósfera sombría y crítica, aunque las condiciones durante la primera mitad del siglo fuesen excelentes. (Posiblemente la gran catástrofe de 1693-94 lo explique.)[4] Fue en el siglo XVI y no en el XVII que los invasores mercenarios se asombraron por la magnitud de lo que era posible saquear en Francia y los hombres de la época de Richelieu y Colbert pensaban en los tiempos de Enrique IV como en una suerte de era dorada. Es posible que, durante algunas décadas, a mediados de siglo, las ganancias obtenidas en el Atlántico no alcanzasen a compensar las pérdidas del Mediterráneo, Europa Central y el Báltico, estando el producto de ambas zonas en estado de estancamiento o quizás declinación. Pero lo que importa es el decisivo avance en el progreso del capitalismo que resultó de ello.

Las cifras aisladas de la *población* europea sugieren, en el peor de los casos, una declinación de hecho; y en el mejor, una nivelación o una pequeña meseta entre las pendientes de la curva de población de fines del siglo XVI hasta el siglo XVIII. Con excepción de los Países Bajos, Noruega y tal vez Suecia y Suiza y algunas zonas locales, no se registran grandes aumentos de población. España era sinónimo de despoblación, Italia del sur pudo haber sufrido y son bien conocidos los estragos de mediados de siglo en Alemania y el este de Francia. Aunque Pirenne ha sostenido que la población belga aumentó, las cifras registradas para Brabante no parecen corroborar su opinión. La población de Hungría disminuyó y la de Polonia decreció más aun. El aumento de la población inglesa decayó rápidamente y después de 1630 puede haber llegado a detenerse.[5] En

---

4 J. Meuvret en *Mélanges d'Histoire Sociale*, V, 1944, 27-44; en *Population*, 1946, 653-50 y un trabajo inédito sobre los efectos de las hambres de 1693-4 y 1709-10 sobre la diplomacia francesa.

5 No hay, por supuesto, estadísticas confiables y tampoco se puede disponer en todos los casos de buenos índices indirectos. Este párrafo se basa, principalmente, en: K. Larsen, *History of Norway*, 1948, 304 (cifras sólo para el año 1665 y siguientes); Mayer, *The Population of Switzerland* (1952) y la estimación de Patavino para 1608 que es tan

efecto, no resulta fácil entender por qué Clark afirma que "el siglo XVII sufrió, en la mayor parte de Europa, al igual que el siglo XVI, un aumento moderado de población"[6]. Evidentemente, la mortalidad fue mayor que en los siglos XVI y XVII. Nunca, desde el siglo XIV, se registró durante todo un siglo un porcentaje mayor de enfermedades epidémicas. A este respecto, trabajos de investigación recientes han demostrado que los estragos de las epidemias no pueden explicarse sin tener en cuenta al hambre.[7] Mientras que un puñado de cortes y metrópolis administrativas o centros de comercio y finanzas internacionales llegaron a adquirir grandes dimensiones, las grandes ciudades que habían crecido durante el siglo XVI permanecieron estacionadas y las me-

---

grande como la de Mayer para 1700 en Nabholz, Muralt, Feller, Bonjour, *Gesch. d. Scheweiz*, II, 5; H. Wopfner, *Gueterteilung u. Uebervoelkerung*, 1938, 202 y ss.; H. v. z. Muehlen, *Entstehung d. Gutsherrschaft in Oberschlesien*, en *Vierteljahrschrift f Soz. und Wirtsch. Gesch.* XXXVIII, 334-60; Beloch, *Bevoelkerungsgeschichte Italiens I*, 153-225 y ss.; Kayser, *Bevoelkerungsgeschichte Deutschlands*, 1941, 361 y ss., 304 y ss.; Roupnel, *La vie et la campagne dijonnaises au XVII*ᵉ *siècle*; P. Goubert, *Problèmes démographiques du Beauvaisis au XVII*ᵉ *siècle* (*Annales*, oct.-dec. 1952, 452-468), para una zona que parece haber sufrido algo menos; G. Debien, *En Haut-Poitou: Défricheurs au Travail* (XV-XVIII* s.) y por ausencia de desmonte y reforestación *Bull. Soc. Hist. Mod.*, Mai-Juillet 1953, 6-9; Pirenne, *Hist. de Belgique*, IV, 439-40; A. Cosemans, *Bevolkering v. Brabant en de XVIII*ᵉ *eeuw* 1939, 220-4; G. N. Clark, *The Seventeenth Century*; Rutkowski, *Hist. Econ. de la Pologne avant les Partages*, 1927, 91-2; Stone en *IX*ᵉ *Congrès International des Sciences Historiques II*, 1951, 49-50; Hoskins, "The Rebuilding of Rural England 1570-1640", *Past and Present* 4, 1953.

6 *Op. cit.*, 6. Se puede hacer la misma crítica a las estimaciones de Urlanis *Ros nasielenis v. Jewropie* (Moscú 1941) 158, que parecen ser más bien optimistas. Agradezco a Mr. A. Jenkin por haberme llamado la atención sobre esas cifras.

7 S. Peller "Studies in Mortality since The Renaissance", *Bull Inst. Hist. of Medicine*, 1943, 443, 445, 452 y esp. 456; *ibid.* 1947, 67, 79. Meuvret y Goubert, *op cit.*, y la bibliografía citada en Habbakuk, English Population in the 18th. Century, *Econ. Hist. Rev.*, 2ds VI, 2, 1953, para la epidemiología del siglo, además de los innumerables estudios locales; Haeser, *Gesch. d. Medizin u. d. epidem Krankheiren*, Jena, 1882; C. Creighton, *Hist. of Epidemics in Britain*, 1891, 1894; L. F. Hirst, *The Conquest of Plague*, 1953; Prinzing, *Epidemics Resulting from Wars*, 1916; Brownlee, "Epidemiology of Phthisis in Great Britain and Ireland", *Medical Research Council*, 1918; Campbell, "The Epidemiology of Influenza", *Bull. Inst. Hist. Medicine*, 13, 1943; W. J. Simpson, *A Treatise on the Plague*, 1905.

dianas y pequeñas declinaron frecuentemente. Al parecer ello podría aplicarse también, en parte, a los países marítimos [8].

Mientras tanto, ¿qué ocurrió con la producción? Simplemente, lo ignoramos. Algunas zonas se desindustrializaron francamente, sobre todo Italia, que del país más industrializado y urbanizado de Europa se convirtió en una zona típicamente campesina y retrógrada. Lo mismo aconteció con Alemania, partes de Francia y Polonia.[9] Por otra parte, en algunos lugares —como Suiza— se produjo un desarrollo industrial relativamente rápido, un incremento de las industrias extractivas en Inglaterra y Suecia y un importante crecimiento de trabajo a domicilio rural a expensas de la producción artesanal urbana o local en muchas zonas que pueden o no haber significado un aumento neto en la producción total. Si es que los precios pueden servir de guía, no debemos esperar encontrar una declinación general de la producción, porque el período deflacionario que siguió a la gran alza de precios anterior a 1640 se explica más bien por una caída relativa o absoluta de la demanda que por una declinación en la oferta de dinero. Sin embargo, es posible que en la industria básica de los textiles se produjese no sólo una transición de los tejidos "viejos" a los "nuevos" sino también una declinación en la producción total durante una parte del siglo [10].

En el *comercio*, la crisis fue más general. Las dos principales zonas de comercio internacional, el Mediterráneo y el Báltico, sufrieron una revolución y posiblemente una pasajera declinación en el volumen de su comercio. El Báltico —la colonia europea de los países

---

[8] Sombart, *Luxus u. Kapitalismus*, 27-7; Schmoller, *Deutsches Staedtewesen in aelterer Zeit*, 1922, 60-95; B. Bretholoz, *Gesch Boehmens u. Maehrens*, 1924, III, 61-3; Baasch, *Hollaendische Wirtschaftsgeschichte*, 24-5.

[9] Cipolla, "The Decline of Italy", *Econ. Hist. Rev.*, 2 SV., 2, 1952; Roupnel, *op. cit.*, para la reversión de Borgoña a la autarquía: Reuss, *Hist. de Strasbourg*, 1922, 280-6; P. Boissonade, "La crise de l'industrie languedocienne 1600-1660", *Annales du Midi*, 1909; G. Aubin y H. Kunze, *Leinernerzeugung... imoestl. Mitteldeutschland*, 1940.

[10] Para las cifras de la producción holandesa y florentina, N. W. Posthumus, *Gesch. v. d. Leidsch Lakenindustrie*, III, 932; Romano, en *Annales, loc. cit.*

occidentales urbanizados— cambió su línea de exportaciones de comestibles por productos tales como madera, metales y pertrechos navales, al mismo tiempo que sus importaciones tradicionales de lanas occidentales disminuyeron. El comercio, según lo midieron las barreras de peaje de Sound, alcanzó su cúspide en 1590-1620, decayó en la década de 1620 y luego declinó irremediablemente, después de una leve recuperación, hasta la década de 1650 para luego permanecer estacionario hasta aproximadamente 1680 [11]. Después de 1650 el Mediterráneo, al igual que el Báltico, se transformó en una zona que intercambiaba productos locales, especialmente materias primas para las manufacturas atlánticas, y los productos orientales entonces monopolizados por el noroeste. A finales del siglo el Levante obtenía sus especias del norte y no del este. El comercio del levante francés disminuyó a la mitad entre 1620 y 1635, decreció casi hasta cero alrededor de 1650 y no logró recuperarse hasta después de 1670. Desde 1617 hasta 1650 aproximadamente, el comercio levantino holandés fue muy pobre [12]. Aun entonces los franceses escasamente sobrepasaron los niveles de la pre-depresión mucho antes de 1700. ¿Alcanzaron las ventas británicas y holandesas en el sur compensar las pérdidas de los mercados bálticos? Probablemente no. Apenas si pueden haber compensado la declinación en las ventas anteriores de productos italianos. El comercio internacional de comestibles (trigo del Báltico, arenques holandeses y pescado de Terranova) no mantuvo sus niveles jacobinos. El comercio internacional de paños de lana puede también haber decrecido y no fue reemplazado de inmediato por otros textiles porque los grandes centros de exportación de lino, que eran Silesia y Lusatia, parecieron declinar después de 1620. En efecto: probablemente un balance general del comercio ascendente y descendente arrojaría cifras de exportación que

---

[11] Bang y Korst, *Tabeller over Skibsfart*; A. Christensen, *Dutch Trade and the Baltic about 1600* (Copenhagen, 1940).
[12] G. Tongas, *Relations entre la France et l'Empire Ottoman durant la première moitié du XVIIe siècle*, 1942; P. Masson, *Le Commerce Français dans le Levant au XVIIe siècle*, 1892, esp. 130-4, App. XV, 236; H. Watjen, *D. Niederlander in Mittelmeergebiet*, 1909, 145, 149.

no aumentaron significativamente entre 1620 y 1660. Fuera de los estados marítimos, es poco probable que las ventas en los mercados locales compensaran esta situación.

Como ya sabemos con respecto al siglo XIX, no es posible medir el malestar en los negocios basándose simplemente en los datos de comercio y producción, cualesquiera que ellos sean. (Es significativo, no obstante, que el tono de la discusión económica dé por sentados mercados estables y oportunidades de ganancia. Se ha afirmado a menudo que el mercantilismo colbertiano fue una política de acciones militares destinada a obtener grandes tajadas extraídas de un comercio internacional de determinadas dimensiones. No existe razón alguna para que los administradores y comerciantes —dado que la economía no constituía aun un tema académico— adoptasen puntos de vista que se apartaran mucho de las apariencias). Es cierto que aun en países que no declinaron hubo dificultades en los negocios seculares. El comercio inglés con la India oriental languideció hasta la Restauración [13]. A pesar de que el de los holandeses aumentó bastante, el promedio de dividendos anuales de la Compañía de las Indias Orientales decayó durante cada uno de los decenios entre 1630 y 1670 (incluidos ambos), exceptuando un pequeño aumento en la década de 1660. Entre 1627 y 1687, dieciséis años no dieron dividendos; en el resto de la historia de la Compañía, entre 1602 y 1782, no los hubo. (El valor de sus bienes permaneció estabilizado entre 1640 y 1660.) De manera similar, los beneficios del Amsterdam Wisselbank alcanzaron su punto culminante durante la década de 1630 y luego decayeron durante unos veinte años [14]. También en este caso puede no ser meramente accidental que el movimiento mesiánico más importante de la historia judía ocurriese preci-

---

[13] Bal Krishna, *Commercial Relations between India and England 1601-1757*, caps. II-V; S. A. Khan, *East India Trade in the 17th C.*, 1923, 74, y ss.

[14] C. de Lannoy y H. Van der Linden, *Hist. de l'Expantion des Peuples Européens; Neerlande et Danemark (XVII⁰ et XVIII⁰ ss.)*, 1911, 334, 344-5, 363. El endeudamiento de la compañía fue también el más elevado. J. G. Van Dillen, *Bronnen tot d. Geschiedenis d. Wisselbanken*, 1925, II, 971 y ss.

samente en ese momento, abarcando a las comunidades de los grandes centros mercantiles —Smirna, Leghorn, Venecia, Amsterdam, Hamburgo— con especial éxito a mediados de la década de 1660 cuando los precios llegaron casi a su punto más bajo.

También es evidente que la expansión de Europa atravesó una crisis. A pesar de que las bases del fabuloso sistema colonial del siglo XVIII fueron echadas sobre todo después de 1650 [15], puede haberse producido antes una cierta contracción de la influencia europea excepto en las *hinterlands* de Siberia y América. Naturalmente, los imperios español y portugués se contrajeron y su carácter cambió. Pero también importa destacar que los holandeses no mantuvieron la considerable velocidad de expansión entre 1600 y 1640 y que su imperio decayó en las tres décadas que siguieron [16]. El colapso de la Compañía de las Indias Occidentales después de la década de 1640, y el final *simultáneo* de la Compañía Anglo-africana y la Compañía Holandesa de las Indias Occidentales a comienzos de la década de 1670, pueden también mencionarse incidentalmente.

En general se acepta que el siglo XVII fue un siglo de *revuelta social* tanto en Europa Occidental como Oriental. La serie de revoluciones que se produjeron durante este lapso llevó a ciertos historiadores a creer en una suerte de crisis social-revolucionaria de mediados de siglo [17]. Francia tuvo sus Frondas, que fueron importantes movimientos sociales; las revoluciones catalana, napolitana y portuguesa marcaron el momento de la crisis del Imperio Español durante la década de 1640; la guerra campesina suiza de 1653 fue una manifestación

---

[15] Barbados comenzó a exportar azúcar en 1646, Jamaica inició sus plantaciones en 1664, Haití restableció las suyas en 1655, Martinica las comenzó el mismo año, las exportaciones de azúcar de St. Kitts' sobrepasaron a las de añil en 1660. Lippman, *Gesch. d. Zuckers*, 1929.

[16] Para una comparación de su dimensión en 1641 y 1667, J. Santoyant, *La Colonisation Européenne*, 1947, 271-3.

[17] B. Porshnev en Biryukovitch, Porshnev, Skaskin, etc. *Novaya Istoriya*, 1640-1789, Moscú 1951, 444. Esto responde a una sugestión de Marx de 1850 (*Sel. Essays.*, ed. Stenning, 1926, 203). Esta coincidencia ha sido observada a menudo, por ej. Merriman, *Six Contemporaneous Revolutions*, 1938.

tanto de la crisis de postguerra como de la creciente explotación del campesinado por parte de la ciudad, mientras que en Inglaterra la revolución triunfó con descollantes resultados [18]. El malestar campesino no cesó en occidente —el levantamiento del "papel sellado" que combinó el malestar de la clase media, de los navieros y campesinos en Bordeaux y Bretaña ocurrió en 1675 y las guerras de los *camisards* más tarde aun— [19] pero fue más significativo en Europa Oriental. Durante el siglo XVI hubo escasas revueltas en contra de la dependencia de los campesinos. La revolución ucraniana de 1648-54 puede ser considerada como el mayor levantamiento servil. Otro tanto podría decirse de los diversos movimientos "Kurucz" húngaros. Su nombre mismo nos retrotrae a las insurrecciones campesinas de Dozsa de 1514, cuya memoria conservan las canciones folklóricas sobre Rakoczy, de la misma manera que la revolución rusa de 1672 quedó grabada en la canción sobre Stenka Razin. En ese lugar, una importante revuelta campesina inauguró en 1680 un período de malestar servil endémico [20]. Podríamos también agregar a este catálogo de revueltas sociales las revueltas irlandesas de 1641 y 1689.

Hubo un solo aspecto en el cual el siglo XVII se repuso, en lugar de atravesar dificultades. A excepción de las potencias marítimas, que experimentaban sus nuevos regímenes burgueses, la mayor parte de Europa descubrió una forma de gobierno eficiente y estable en el *absolutismo* constituido sobre el modelo francés. (Aunque la aparición del absolutismo ha sido considerada como un signo directo de debilidad económica [21]. Es éste un tema que merece un estudio más exhaustivo.) La gran era de los recursos políticos, la guerra y la administración *ad hoc* desapareció junto con los

---

[18] Merriman, *op. cit.* Porshnev, *Narodnie vosstaniya vo Frantsii pered Frondoi 1623-1648*. Moscú 1948; O. Schiff, D. Deutschen Bauernaufstaende 1525-1789. *Hist. Ztrschr.* CXXX 189 y. ss. Feller, Gesch. Berns II, 1953, cap. IV y V.
[19] J. Lemoine, *La revolte du Papier Timbré*, 1898, imprime numerosos documentos.
[20] Marczali, *Hungary in the 18th C.*, 1910, p. XXXVII; Bretholz *loc. cit.* 57-61.
[21] A. Nielsen, *Daenische Wirtschaftsgeschichte*, 1933, 94-5.

grandes imperios mundiales del siglo XVI: el español y el turco. Por primera vez, grandes estados territoriales parecieron capaces de resolver sus tres problemas más cruciales: conseguir que las órdenes gubernamentales fuesen obedecidas directamente en una extensa zona; obtener suficiente dinero en efectivo para sufragar los pagos periódicos y —en parte como consecuencia de ello— manejar sus ejércitos. La época de los grandes sub-contratistas financieros y militares terminó con la Guerra de los Treinta Años. Los estados debían aun subcontratar, según lo atestigua la práctica de vender cargos e impuestos agrícolas [22]. No obstante, para entonces la actividad comercial estaba oficialmente controlada por los gobiernos y no sólo, en la práctica, por el hecho de que, tal como lo habían descubierto los Fugger y Wallenstein a su costa, el comprador del monopolio puede dictar sus términos tanto como el que los vende. Probablemente, este evidente éxito político de los estados territoriales absolutos como su pompa y esplendor hizo que en el pasado se prestase menos atención a las dificultades generales de la época.

Aunque sólo una parte de estas pruebas sean verdaderas se justifica que hablemos de una "crisis general" del siglo XVII, a pesar de que una de sus características fue la relativa inmunidad de los estados que habían sufrido una "revolución burguesa". Es probable —pese a que con ello nos internamos en el complejo terreno de la historia de precios— [23] que la crisis comenzase hacia 1620, posiblemente con el período de violenta baja que se extendió desde 1619 hasta los primeros años de la década de 1620. Al parecer, después de una distorsión en el movimiento de precios ocasionada por la Guerra de los Treinta Años, esta crisis alcanzó su fase más aguda entre 1640 y la década de 1670, aunque no se pueden considerar fechas precisas en una discusión sobre movimientos económicos de larga duración. A partir de allí los testimonios son contradictorios. Es posible que los signos de vivificación excedan en impor-

---

[22] R. Mousnier, *La venalité des offices sous Henri IV et Louis XIII*, 1945; K. W. Swart, *Sale of Offices in the 17th C.*, 1949.
[23] Véase la observación sobre la historia de los precios.

tancia a los de crisis, no sólo (evidentemente) en los estados marítimos sino también en otras partes. Sin embargo, las violentas oscilaciones de alza y depresión, las hambres, revueltas, epidemias y otros signos de profundos trastornos económicos en el período 1680-1720 deberían alertarnos para no anticipar el método de recuperación total. Si bien la tendencia era ascendente desde, digamos, la década de 1680 —y aun antes en países *aislados*— todavía podía sufrir desastrosas fluctuaciones.

Se podría afirmar, sin embargo, que lo que he descripto como una "crisis general" fue meramente el resultado de las guerras del siglo XVII, particularmente la Guerra de los Treinta Años (1618-1648). En el pasado, los historiadores tendieron a adoptar (o más bien a dar por sentado) este punto de vista. Pero la crisis afectó a muchas zonas de Europa que no habían sido devastadas por generales e intendentes del ejército. Por el contrario, ciertos tradicionales "reñideros de gallos" europeos (como Sajonia y los Países Bajos) estuvieron en mejores condiciones que otras regiones más tranquilas. Y lo que es más, ha habido una tendencia persistente a exagerar el continuo y prolongado daño causado por las guerras del siglo XVII. Sabemos ahora que (siendo los otros factores iguales) las pérdidas de población, producción y capital hasta de las guerras del siglo XX, cuya capacidad destructiva es mucho mayor, pueden superarse en 20 ó 25 años. Si no aconteció así en el siglo XVII fue porque las guerras agravaron las tendencias existentes a la crisis. Esto no significa negar su importancia, pese a que sus efectos fueron más complejos de lo que pudiese parecer a primera vista. Es así que, a las devastaciones causadas por la Guerra de los Treinta Años en algunas zonas de Europa Central, debemos oponer el estímulo que ello representó para la minería y la metalurgia en general y las alzas temporarias que estimuló en los países no-combatientes (en temporario beneficio de Carlos I, durante la década de 1630). También es probable que, de no haber sido por esto, el gran "aumento de precios" hubiese terminado en la década de 1610 y no en la de 1640. Casi con certeza, la guerra desvió la incidencia de la crisis y, en general, hasta puede haberla agravado. Vale la pena

considerar, por último, si la crisis no produjo en cierta
medida una situación que precipitó o prolongó el bienestar. Pero este punto no es esencial para nuestro problema y quizás sea demasiado especulativo para que
merezca la pena de seguir tratándolo.

## Las causas de la crisis

Con nuestra discusión de la crisis del siglo xvii hemos planteado, en realidad, uno de los problemas fundamentales del ascenso del capitalismo: ¿por qué la
expansión de fines del siglo xv y xvi no condujo directamente a la época de la Revolución Industrial de los
siglos xviii y xix? En otras palabras ¿cuáles fueron los
obstáculos para la expansión capitalista? Podría anticiparse que las respuestas son tanto generales como
particulares.

El razonamiento general puede resumirse como sigue:
si el capitalismo debe triunfar, entonces la estructura
de la sociedad feudal o agraria debe sufrir una revolución. La división social del trabajo debe ser muy
elaborada si se desea incrementar la productividad y
la fuerza social del trabajo debe ser redistribuida radicalmente —de la agricultura a la industria— mientras se
de esta situación. La proporción de producción que
se intercambia en el mercado supra-local debe aumentar dramáticamente. Mientras no haya una gran cantidad de trabajadores asalariados, mientras los hombres
satisfagan sus necesidades por medio de su propia producción o a través del intercambio en los numerosos
mercados locales más o menos autárquicos que existen
aun en las sociedades primitivas, existirá un límite para
el beneficio capitalista y escasos incentivos para llevar
a cabo lo que podría llamarse, de manera muy general,
la producción masiva (que es la base de la expansión
capitalista industrial). Históricamente, no siempre es
posible separar a estos procesos. Podemos hablar de la
"creación del mercado interno capitalista" o del divorcio entre los productores y los medios de producción,

que Marx llamó "acumulación primitiva"[24]: la creación de un mercado amplio y en expansión para los bienes y de una fuerza de trabajo libre, amplia y disponible, se dan siempre juntas, son dos aspectos diferentes de un mismo proceso.

Se da por sentado a veces que el desarrollo de una "clase capitalista" y de los elementos de la forma capitalista de producción dentro de una sociedad feudal producen en forma automática estas condiciones. A largo plazo, desde una perspectiva más general y si se tienen en cuenta los siglos que median entre el año 1000 y el 1800, no hay dudas al respecto. Pero ello no es así a corto plazo. A menos que se den ciertas condiciones —y no está claro aun cuáles deben ser esas condiciones— el radio de expansión capitalista se encontrará limitado por la preeminencia general de la estructura feudal de la sociedad, es decir, por el sector rural predominante o tal vez por alguna otra estructura que "inmovilice" tanto el potencial trabajo-fuerza y el excedente potencial de inversiones productivas como la demanda potencial de los bienes producidos en forma capitalista, tales como la prevalencia del espíritu tribal o la producción de mercancías menores. En tales condiciones, tal como lo demostró Marx en el caso de la empresa mercantil [25] los negocios pueden adaptarse a operar dentro de un marco en general feudal, aceptar sus limitaciones y la peculiar demanda de sus servicios, convirtiéndose, en cierto sentido, en parasitarios de éste. La parte de ellos que lo hiciera no podría superar las crisis de la sociedad feudal y hasta podría llegar a agravarlas. Porque la expansión capitalista es ciega. La debilidad de las antiguas teorías que asimilaban el triunfo del capitalismo al desarrollo del "espíritu capi-

---

[24] V. I. Lenin.

Que Marx no pensaba principalmente en la acumulación efectiva de recursos está demostrado, creo, en un bosquejo preparatorio a la *Crítica de la Economía Política*: "Eigen ist dem Kapital nichts als die Vereinigung von Naenden und Instrumenten, die es vorfindet. Es agglomeriert sie unter seiner Botmaessingkeit. Des ist sein Wirkliches Anhaeufen; das Anhaeufen von Arbeiten auf Punkten nebst ihren instrumenten". (*Formen die der kapitalistichen Produktion vorhergehen*, pp. 49-50, Berlin, 1952.)

[25] *Capital*, III. Ver también R. H. Hilton, "Capitalism, What's in a name", *Past and Present*, 1, 1952.

talista" o al "espíritu de empresa" reside en el hecho de que el mero deseo de lograr un beneficio máximo e ilimitado no produce automáticamente la revolución técnica y social necesaria para ello. Debe haber cuando menos producción masiva (es decir, producción suficiente para obtener el mayor valor adicional, grandes beneficios, pero no necesariamente grandes beneficios por cada venta) en vez de producción destinada a lograr el máximo beneficio por cada unidad vendida. Pero una de las dificultades fundamentales del desarrollo capitalista en sociedades que mantienen a la masa de la población fuera de su ámbito (de manera que no son ni vendedores de fuerza de trabajo ni verdaderos compradores de mercaderías) consiste en que a corto plazo los beneficios de los tipos de producción capitalista realmente "revolucionarios" son menos atractivos —o al menos lo parecen— que los de otro tipo, sobre todo cuando implican grandes inversiones de capital. Christian Dior, por lo tanto, representa una inversión más atractiva que Montagu Burton. En el siglo xvi, acaparar pimienta parecería más cuerdo que iniciar una plantación de azúcar en América, y vender sedas de Bolonia mejor que vender fustán de Ulm. Pero sabemos que en los siglos posteriores se obtuvieron beneficios mucho mayores del azúcar y el algodón que de la pimienta y la seda; y sabemos también que el azúcar y el algodón contribuyeron en mayor medida que los otros dos a la creación de un mundo de economía capitalista.

En ciertas circunstancias este comercio podía producir —aun en condiciones feudales— valores adicionales lo suficientemente amplios como para permitir el surgimiento de la producción en gran escala. Por ejemplo: si se trataba de abastecer a organizaciones excepcionalmente grandes, tales como reinos o la iglesia; si la escasa demanda de todo un continente se concentraba en manos de los hombres de negocios de unos pocos centros especializados, tales como las ciudades textiles italianas y flamencas; si se llevaba a cabo una gran "extensión lateral" del campo de la empresa, por ejemplo, a través de la conquista o la colonización. También resultaba factible realizar cierta subdivisión social sin perturbar la estructura fundamentalmente feudal de la sociedad, como en el caso, por ejemplo, de la urbanización de los Países Bajos e Italia sobre la base de alimentación y materias primas importadas de territorios semicoloniales. A pesar de todo, los límites del mercado eran limitados. La sociedad medieval y la de la temprana edad moderna eran mucho más semejantes a la "economía natural" de lo que por lo general suponemos. El campesino francés de los siglos XVI y XVII no usaba prácticamente dinero, excepto para sus transacciones con el Estado y en cuanto a la venta al menudeo, no era especializada ni en las ciudades alemanas ni en los negocios de las villas, hasta fines del siglo XVI [26]. Con excepción de una clase reducida, que podía permitirse ese lujo (y aun para esta clase el sentido de la moda en sentido moderno se desarrolló probablemente más tarde), la celeridad en el cambio de la vestimenta y de los enseres domésticos fue lenta. La expansión era posible y, en efecto, se produjo. Pero mientras la estructura general o la sociedad rural no sufriera una revolución, ésta estaba limitada o creaba sus propios límites; cuando los encontraba, entraba en un período de crisis.

La expansión de los siglos XV y XVI no perteneció fundamentalmente a este tipo y creó, por lo tanto, su propia crisis tanto dentro del mercado local como en el mercado ultramarino. Los "hombres de negocios feudales" —que eran los más ricos y poderosos sólo por ser los mejor adaptados para ganar mucho dinero en una sociedad feudal— no pudieron superar esta crisis. Su incapacidad de adaptación la intensificó.

Antes de profundizar el análisis de estos problemas, quizás convendría destacar el hecho de que los obstáculos meramente técnicos para el desarrollo capitalista en los siglos XVI y XVII no eran insuperables. A pesar de que el siglo XVI puede no haber estado capacitado para resolver ciertos problemas fundamentales de la técnica, tales como la fuente de energía compacta y móvil que tanto preocupó a Leonardo, estaba sí en con-

---

26 J. Meuvret, "Circulation monétaire et utilisation économique de la monnaie dans la France du XVIᵉ et du XVIIᵉ s. *Etudes d'Histoire Moderne et Contemp.* Tome I, 1947, 14-29; R. Latouche, *La vue au Bas Quercy*, 1923; E. Koehler, *Der Einzelhandel im Mittelalter*, 1938, 55-60.

diciones de producir por lo menos tantas innovaciones como las que produjo la revolución del siglo XVIII. Nef y otros autores nos han familiarizado con las innovaciones que realmente se dieron, aunque la frase "Revolución Industrial" parece aplicarse con menos propiedad al período 1540-1640, que a la Alemania de 1450-1520 que desarrolló la imprenta, armas de fuego eficaces, relojes y el extraordinario avance en minería y metalurgia de que da cuenta Agricola en *De Re Metallica* (1556). Tampoco hubo una escasez paralizante de capitales o de empresas capitalistas o de trabajo, por lo menos en las zonas adelantadas. Se disponía en ese momento de bloques de capital móvil que esperaba ser invertido y —sobre todo durante el período de crecimiento de población— de importantes reservorios de mano de obra gratuita, en diversas especialidades. Lo que aconteció fue que ni el capital ni la mano de obra fueron aplicados a industrias de tipo potencialmente moderno. Más aun, los métodos adecuados para superar esta escasez y la rigidez del abastecimiento de capital y trabajo pudieron haber sido utilizados tan cabalmente como en los siglos XVII y XIX. La crisis del siglo XVII no puede ser explicada por la insuficiencia de equipamiento técnico para la Revolución Industrial, en un sentido estrictamente técnico y organizativo.

Examinemos ahora las principales causas de la crisis.

## La especialización de los "capitalistas feudales": el caso de Italia

El resultado más dramático de la crisis fue la declinación de Italia (y la de los viejos centros de comercio y manufacturas medievales, en general). Esta declinación pone en evidencia la debilidad del "capitalismo" parasitario en un mundo feudal. Por ello, es probable que los italianos del siglo XVI controlaran las masas más importantes de capital pero las invirtieran desastrosamente. Inmovilizaron este capital en construcciones y lo despilfarraron en préstamos extranjeros durante la revolución de precios (que, naturalmente, favoreció a los deudores) o lo distrajeron de las actividades manufactureras para orientarlos hacia diversas formas de inversiones inmobiliarias. Es bastante probable que el fracaso de las manufacturas italianas por mantenerse a la par de las holandesas, inglesas y francesas durante el siglo XVII se haya debido en parte a esta distracción de los recursos [27]. Sería irónico descubrir que los Médici fueron la ruina de Italia, no sólo como banqueros sino también como mecenas de artes costosas, y los historiadores filisteos se complacerán en destacar que la única ciudad importante que nunca produjo un arte digno de mención, Génova, mantuvo su comercio y sus finanzas mejor que las otras. Sin embargo, los inversores italianos que habían descubierto hacía tiempo que las catedrales demasiado grandes arruinan los negocios [28], actuaban con bastante sensatez. La experiencia de siglos había demostrado que los mayores beneficios no se lograban por medio de los progresos técnicos o de la producción. Estos inversores se habían adaptado a las actividades comerciales en el área relativamente limitada que les quedaba, una vez dejada de lado la mayor parte de la población europea por ser "económicamente neutral". Si usaron grandes capitales en forma no productiva, puede haber sido simplemente porque ya no quedaba lugar para invertirlo en forma progresiva dentro de los límites de este "sector capitalista". (Los holandeses del siglo XVII paliaron una saturación semejante del capital multiplicando los enseres domésticos y las obras de arte [29], pero descubrieron también un recurso más moderno: el auge de la inversión especulativa). Tal vez la adversidad económica podría haber llevado a los italianos a un comportamiento diferente, aunque habían ganado dinero durante tanto tiempo proporcionando al mundo feudal su comercio y finanzas, que no hubieran aprendido fácilmente. Sin embargo, el alza general de la última parte del siglo XVI (como el "verano de la India" de la Inglaterra eduardiana) y la repentina expansión de las demandas de las

---

[27] A. Fanfani, *Storia del Lavoro in Italia della fine del secolo XV agli inizii del XVIII*, 1943, 42-9.

[28] R. S. López, "Economie et architecture médiévales", *Annales*, oct.-dec. 1952, 443-8.

[29] G. Renier, *The Dutch Nation*, 1949, 97-9.

grandes monarquías absolutistas, que eran relegadas a contratistas privados, y el lujo sin precedentes de sus aristocracias, retardó la catástrofe. Cuando ésta se produjo, trayendo la decadencia para el comercio y la manufactura italianas, dejó a las finanzas italianas aún en pie aunque ya no preponderantes. También en este caso la industria de Italia bien podría haber mantenido algunas de sus antiguas posiciones, haciendo un viraje más absoluto desde sus antiguos productos de gran calidad a los nuevos tejidos del Norte, más ordinarios y baratos. Pero ¿quién hubiera podido adivinar, en el gran período de lujo de 1580-1620, que el futuro de los tejidos de elevada calidad era limitado? ¿Acaso la corte de Lorraine no usaba, durante el primer tercio del siglo, más tejidos importados de Italia que de todas las otras regiones no francesas juntas?[30] Sería conveniente no aventurar un juicio acerca de la afirmación de que Italia perdió terreno a causa de costos de producción más altos para productos de igual calidad, hasta que tengamos más pruebas para hacerlo o hasta que podamos explicar satisfactoriamente el fracaso de la producción italiana, después de tan promisorios comienzos, para trasladarse de las ciudades al campo, tal como hicieron las industrias textiles de otros países[31].

El caso de Italia demuestra por qué determinados países sucumbieron ante la crisis pero no demuestra necesariamente por qué sobrevino ésta. En consecuencia, debemos considerar las contradicciones del proceso mismo de expansión del siglo XVI.

## Las contradicciones de la expansión: Europa Oriental

La relativa especialización de las ciudades de Europa Occidental en el comercio y la manufactura se logró,

---

[30] H. Roy, *La vie, la mode et le costume au XVII<sup>e</sup> siècle*, 1924 trae una lista completa de todos los tipos de tejidos usados en esta corte.

[31] Cipolla, *The decline of Italy*, loc. cit. para la controversia sobre el alto costo.

hasta cierto punto, por medio de la creación de un enorme excedente de productos alimenticios exportables en Europa Oriental y quizás también por las pesquerías oceánicas [32]. En Europa Oriental, en cambio, esto se logró mediante la creación de la agricultura servil en gran escala, es decir, por medio de una prolongación local del feudalismo. Podríamos insinuar que este hecho tuvo tres consecuencias: Convirtió al campesino en un cliente al contado menor de lo que había o podía haber sido. (O también lo obligó a abandonar los tejidos occidentales de buena calidad en beneficio de las telas locales baratas.) Disminuyó el número y la riqueza de la nobleza menor, a favor de un puñado de magnates. En Polonia, los primeros controlaban un 43,8 % de los arados a mediados del siglo xv y un 11,6 % a mediados del siglo xvi, mientras que la participación de los últimos subió de 13,3 % a 30,7 % en el mismo período. Y finalmente, sacrificó el mercado más activo de las ciudades en pro de los intereses de comercio libre de los terratenientes exportadores, o —dicho de otra manera— fortaleció el tipo de comercio que convenía a las ganancias de los ya opulentos señores [33]. La expansión, por lo tanto, tuvo dos resultados. Mientras que por un lado creaba las condiciones para la expansión de las manufacturas en Europa Occidental, reducía por el otro, al menos por algún tiempo, la salida de esas manufacturas al área del Báltico que quizás era su mercado más importante. El deseo de sacar provecho rápidamente de la creciente demanda de cereales —el Báltico comenzaba entonces a abastecer no sólo al Norte de Europa sino también al Mediterráneo— indujo a los señores del sistema servil a esa precipitada expan-

---

[32] M. Maowist en Report of *IX Congres International des Sciences Historiques I*, 1950, 305-22.

[33] Para el alcance de esta creciente explotación, J. Rutkowski, "Le régime agraire en Pologne au 18ᵉ s." *Rev. Hist. Econ. and Soc.*, 1926 y 1927, esp. 1927, 92 y ss; J. Rutkowski, "Les bases économiques des partages de l'ancienne Pologne", *Rev. Hist. Moderne* N. S. IV, 1932; J. Rosdolsky, "The distribution of the agrarian product in feudalism", Journ. Econ. Hist. 1951,.247 y ss. Para la no importancia de los pagos al contado, Rutkowski 1927. 71 Rutkowski 1926, 501; Malowist, 317 y ss. Un ejemplo del empobrecimiento de la ciudad debido a esto, F. Tremel, 'Handel D. Stadt Judenburg im 16 Jh. *Ztschr. d. hist. Vereins fuer Steiermark*, 1947, 103-6.

sión de sus dominios y a la intensificación de la explotación que condujo a la revolución ucraniana y quizás también a catástrofes demográficas [34].

## Las contradicciones de la expansión: mercados coloniales y ultramarinos

Como ya sabemos, una gran parte del comercio entre Europa y el resto del mundo había sido pasivo durante años, porque los orientales no necesitaban de los productos europeos en la misma medida en que Europa necesitaba los suyos. La situación se había equilibrado por medio de pagos en metálico, acompañados, de vez en cuando, por exportaciones de esclavos, pieles, ámbar y otros productos de lujo. Hasta la Revolución Industrial, ni las ventas ni las manufacturas europeas tuvieron importancia. (El mercado africano, que no era deficitario, podía ser una excepción a causa de los vacilantes términos de intercambio favorables que los productores europeos impusieron entre los ignorantes compradores locales y de hecho —y casi por definición— porque el continente fue considerado superficialmente como una fuente de provisión de metálico hasta ya muy entrado el siglo XVII.) En 1665, la Real Compañía Africana todavía estimaba sus ganancias en oro en el doble de sus ganancias en esclavos [35]. La conquista europea de América y de las principales rutas comerciales, no cambió fundamentalmente su estructura, porque aun las Américas exportaban más de lo que importaban. El costo de los productos orientales se redujo considerablemente como consecuencia de la supresión de intermediarios, la disminución de los impuestos de transporte y el otorgamiento a los mercaderes europeos y a

[34] Una expansión del área total de la agricultura exportadora con mano de obra servil, por ejemplo, en la zona del Mar Negro, podría haber compensado esto. Pero no tuvo lugar hasta el siglo XVIII, posiblemente debido a la fuerza y a la política de granos turca más temprana. D. Ionescu, *Agrarverfassung Rumaeniens*, 1909, 10-19. A. Mehlan, "D grossen Balkanmessen in der Tuerkenzeit", *Vierteljahrschrift f. Soz und Wirtsch.* Gesch. 1938, 2-7.
[35] *Cal. St. P. Col.*, 1661-8, 266.

bandas armadas, de la libertad de estafar y robar impunemente. También se aumentó la reserva de metálico robando a los africanos para beneficiar a los asiáticos. Indudablemente, Europa obtuvo de ello enormes e inesperadas ganancias. Tanto la actividad general de los negocios como el capital acumulado fueron muy estimulados pero teniendo en cuenta la totalidad de nuestras exportaciones de manufacturas, no sufrieron una gran expansión. Las potencias coloniales —adhiriendo a la tradición de los negocios medievales— siguieron una política de restricción de la producción y de monopolio sistemático. En consecuencia no existía razón alguna para que la exportación de manufacturas locales resultase beneficiada.

El beneficio que Europa extrajo de esas conquistas iniciales asumió más bien la forma de bonificaciones particulares que de dividendos regulares. Cuando llegara al agotamiento era probable que sobreviniera la crisis y, con suerte la de la prosperidad más modesta variables subían más rápidamente que los beneficios. Tanto en Oriente como en Occidente podemos distinguir tres etapas: la de los beneficios fáciles, la de la crisis y, con suerte la de la prosperidad más modesta y estable. En la etapa inicial, es indudable que la conquista o la piratería acarrean beneficios temporarios a bajos costos. En el Este, donde las posibilidades de lucro descansaban en el monopolio de la restringida producción de especias y otros productos similares, el alza exorbitante de "costos de protección" para enfrentar a rivales viejos y nuevos, produjo probablemente la crisis; mientras más pronunciada era el alza, más trataba el poder colonial de forzar el precio monopolista. Se estima que fue por estas razones que el comercio portugués de especias apenas si alcanzó a no endeudarse [36]. En Occidente, donde se apoyaban en la producción barata y abundante de metálico y otras materias primas, es probable que los costos de protección desempeñaran un papel menos importante, aunque también aumentaron a consecuencia de la competición y la piratería. Sin embargo, allí se alcanzaron rápida-

---

[36] F. C. Lane, "National Wealth and Protection Costs", en Clarkson y Cochran ed. *War as a Social Institution*, 1941, 36 y ss.

mente los límites técnicos de la primitiva "cueva de rata" de la minería española (aun permitiendo los usos del proceso de mercurio) y es muy posible que la mano de obra fuese obligada a trabajar hasta la muerte y tratada como un objeto de uso [37]. De todos modos, las exportaciones de plata americana disminuyeron, aproximadamente desde 1610. Eventualmente, por supuesto, en Oriente las potencias coloniales se ajustaron al nuevo nivel de costos fijos y hasta quizás hallaron una nueva fuente de impuestos locales en compensación. En Occidente, la estructura familiar de los grandes estados casi-feudales apareció en el siglo XVII [38]. Dado que las bases económicas del sistema colonial español eran más amplias que las del portugués, los resultados de la crisis habrían de ser de mayor alcance. Así, la temprana emigración a las Américas estimuló temporariamente la exportación de productos del país; pero como aconteció, inevitablemente, muchos de los requerimientos de las colonias llegaron a ser satisfechos localmente, las manufacturas españolas en expansión debieron pagar las consecuencias. La tentativa de estrechar el monopolio metropolitano empeoró las cosas porque desalentó el desarrollo de la economía, revolucionaria en potencia, de las plantaciones [39]. Los efectos de la afluencia de metálico a España son demasiado conocidos para necesitar discusión.

Por lo tanto, es comprensible el hecho de que el "antiguo sistema colonial" atravesase una profunda crisis y que los efectos de ésta sobre la economía europea en general fuesen de largo alcance. En realidad, este sistema fue reemplazado por un nuevo modelo de explotación colonial, basado en la exportación de manu-

[37] C. G. Motten, *Mexican Silver and the Enlightenment*, 1950, capítulos 2-3.

[38] De este modo, desde fines del siglo XVII la Compañía Holandesa de las Indias Orientales expandió el ingreso proveniente de impuestos coloniales, que era anteriormente de cerca del 9 % de su renta, mucho más rápidamente que sus beneficios del comercio. Lannoy y Linden, *op. cit.* 266-7. F. Chevalier, *La formation des grands domaines au Mexique. Terres et Societé au XVIe XVIIe siècle*, 1952. Sólo he visto un resumen de esto en *Rev. Hist.*, 428, 1953, 376 y ss.

[39] Para el final de las plantaciones de azúcar en los primeros tiempos del siglo XVII, E. O. V. Lippman, *Gesch d. Zuckers*, 1929.

facturas europeas a ritmo creciente y seguro. (Actuando en gran medida por su cuenta, los plantadores de azúcar del norte de Brasil habían abierto el camino hacia ese modelo desde fines del siglo XVI.) Sin embargo, el cebo de los beneficios del antiguo monopolio era irresistible para aquellos que tenían oportunidad de obtenerlos. Hasta los holandeses se mantuvieron resueltamente "anticuados", en cuanto a su colonialismo, hasta el siglo XVIII, aunque su posición como almacenadores de mercancías en Europa los salvó de las consecuencias de la ineficacia colonial. El viejo colonialismo no se transformó en uno nuevo: se derrumbó y fue reemplazado.

## Las contradicciones de los mercados internos

Es casi indudable que el siglo XVI estuvo más próximo a crear las condiciones para una amplia y real adopción del modo de producción capitalista que cualquier época anterior, quizás a causa del incentivo de una población y mercados en rápido crecimiento y precios en alza. (No es propósito de este artículo discutir las razones que hicieron que esta expansión siguiera a la "crisis feudal" de los siglos XIV y XV.) Una poderosa combinación de fuerzas, que incluía también grandes intereses feudales [40], amenazaba seriamente la resistencia de las ciudades dominadas por los gremios. La industria rural de tipo "independiente", que había estado reservada sobre todo a los textiles, se difundió en varios países y en nuevas ramas de la producción (por ejemplo, los metales), especialmente hacia el final del período. Pese a ello, la expansión engendró también sus propios obstáculos. Consideremos brevemente algunos de ellos. Con excepción, quizás, de Inglaterra, ninguna "revolución agraria" de tipo capitalista acompañó al cambio industrial, tal como iba a producirse en el siglo XVIII, pese a que existía gran efervescencia en la campiña. Aquí hablamos nuevamente de que la naturaleza generalmente

---

[40] Cf. H. Aubin, "D. Angaenge d. grossen schlesischen Leineweberei", *Viertel Jahrschr.* f. Soz. und Wirtsch Gesch., XXXV, 154-73.

mente los límites técnicos de la primitiva "cueva de rata" de la minería española (aun permitiendo los usos del proceso de mercurio) y es muy posible que la mano de obra fuese obligada a trabajar hasta la muerte y tratada como un objeto de uso [37]. De todos modos, las exportaciones de plata americana disminuyeron, aproximadamente desde 1610. Eventualmente, por supuesto, en Oriente las potencias coloniales se ajustaron al nuevo nivel de costos fijos y hasta quizás hallaron una nueva fuente de impuestos locales en compensación. En Occidente, la estructura familiar de los grandes estados casi-feudales apareció en el siglo XVII [38]. Dado que las bases económicas del sistema colonial español eran más amplias que las del portugués, los resultados de la crisis habrían de ser de mayor alcance. Así, la temprana emigración a las Américas estimuló temporariamente la exportación de productos del país; pero como aconteció que, inevitablemente, muchos de los requerimientos de las colonias llegaron a ser satisfechos localmente, las manufacturas españolas en expansión debieron pagar las consecuencias. La tentativa de estrechar el monopolio metropolitano empeoró las cosas porque desalentó el desarrollo de la economía, revolucionaria en potencia, de las plantaciones [39]. Los efectos de la afluencia de metálico a España son demasiado conocidos para necesitar discusión.

Por lo tanto, es comprensible el hecho de que el "antiguo sistema colonial" atravesase una profunda crisis y que los efectos de ésta sobre la economía europea en general fuesen de largo alcance. En realidad, este sistema fue reemplazado por un nuevo modelo de explotación colonial, basado en la exportación de manu-

---

[37] C. G. Motten, *Mexican Silver and the Enlightenment*, 1950, capítulos 2-3.

[38] De este modo, desde fines del siglo XVII la Compañía Holandesa de las Indias Orientales expandió el ingreso proveniente de impuestos coloniales, que era anteriormente de cerca del 9 % de su renta, mucho más rápidamente que sus beneficios del comercio. Lannoy y Linden, *op. cit.* 266-7. F. Chevalier, *La formation des grands domaines au Mexique. Terres et Societé au XVIe XVIIe siècle*, 1952. Sólo he visto un resumen de esto en *Rev. Hist.*, 428, 1953, 376 y ss.

[39] Para el final de las plantaciones de azúcar en los primeros tiempos del siglo XVII, E. O. V. Lippman, *Gesch d. Zuckers*, 1929.

facturas europeas a ritmo creciente y seguro. (Actuando en gran medida por su cuenta, los plantadores de azúcar del norte de Brasil habían abierto el camino hacia ese modelo desde fines del siglo XVI.) Sin embargo, el cebo de los beneficios del antiguo monopolio era irresistible para aquellos que tenían oportunidad de obtenerlos. Hasta los holandeses se mantuvieron resueltamente "anticuados", en cuanto a su colonialismo, hasta el siglo XVIII, aunque su posición como almacenadores de mercancías en Europa los salvó de las consecuencias de la ineficacia colonial. El viejo colonialismo no se transformó en uno nuevo: se derrumbó y fue reemplazado.

## Las contradicciones de los mercados internos

Es casi indudable que el siglo XVI estuvo más próximo a crear las condiciones para una amplia y real adopción del modo de producción capitalista que cualquier época anterior, quizás a causa del incentivo de una población y mercados en rápido crecimiento y precios en alza. (No es propósito de este artículo discutir las razones que hicieron que esta expansión siguiera a la "crisis feudal" de los siglos XIV y XV.) Una poderosa combinación de fuerzas, que incluía también grandes intereses feudales [40], amenazaba seriamente la resistencia de las ciudades dominadas por los gremios. La industria rural de tipo "independiente", que había estado reservada sobre todo a los textiles, se difundió en varios países y en nuevas ramas de la producción (por ejemplo, los metales), especialmente hacia el final del período. Pese a ello, la expansión engendró también sus propios obstáculos. Consideremos brevemente algunos de ellos. Con excepción, quizás, de Inglaterra, ninguna "revolución agraria" de tipo capitalista acompañó al cambio industrial, tal como iba a producirse en el siglo XVIII, pese a que existía gran efervescencia en la campiña. Aquí hablamos nuevamente de que la naturaleza generalmente

---

40 Cf. H. Aubin, "D. Angaenge d. grossen schlesischen Leineweberei", *Viertel Jahrschr. f. Soz. und Wirtsch Gesch.*, XXXV, 154-73.

feudal de la estructura social distorsiona y diversifica fuerzas que de otra manera podrían haber trabajado en pro de un avance hacia el capitalismo moderno. En el Este, donde la transformación agraria tomó la forma de un resurgimiento de la servidumbre a manos de los señores exportadores, las condiciones para este desarrollo fueron inhibidas localmente, aunque posibilitadas en otros lugares. En otras zonas, el alza de los precios, las revueltas en las haciendas y el aumento de la demanda de productos agrarios podrían muy bien haber llevado al surgimiento de una agricultura capitalista, en manos de caballeros y de campesinos de tipo "kulak", en mayor escala de lo que parece haber ocurrido [41]. Pero ¿qué sucedió? Los nobles franceses (que eran a menudo burgueses que habían logrado un status feudal) trastrocaron la tendencia del campesinado a la independencia, desde mediados del siglo XVI, y recuperaron con creces el terreno perdido [42]. Las ciudades, los comerciantes y la clase media local invirtieron en tierras, debido en parte, sin duda, a la seguridad del producto agrícola en una época de inflación y en parte también porque el excedente o superávit era más fácilmente extraíble en una forma feudal, al mismo tiempo que su explotación era la que más eficazmente podía combinarse con la usura; y en parte, quizás, por una cuestión de rivalidad política directa con los feudales [43]. De hecho, la relación de las ciudades y sus habitantes, considerados como un todo, con el campesinado circundante, era todavía, como acontece siempre en una sociedad en gran medida feudal, la de una clase especial de señoría feudal. (En los cantones dominados por ciudades de Suiza y el interior de Holanda, los campesinos no se emanciparon realmente hasta la Revolución Francesa [44].) Por lo tanto, la mera existencia de la inversión urbana en agricultura o de la influencia urbana sobre

---

[41] Raveau, *L'agriculture... en Haut-Poitu au XVIe siècle*, 127; Marc Bloch, *Caracteres Originaux de l' histoire rurale française*, 148-9; pero el "gentilhomme campagnard" no es ipso facto un agricultor capitalista.
[42] Bloch, *op. cit.*, Braudel, 624 y ss.
[43] Bloch, *op. cit.*, 145-6; P. Raveau, *op. cit.*, 249 y ss; A. Kraemer, D. Wechselende, *Bedeutung d. Landbesitzes. d. Stadt*, Breslau, 1927, para la compra sistemática de tierra 1500, Guerra de los Treinta Años.
[44] Baasch, *Hollaend, Wirtschftsgeschichte*, 50; Roupnel, *op. cit.*

la campiña, no implica la creación del capitalismo rural. Así, la difusión de la aparcería en Francia, aunque teóricamente fue un paso hacia el capitalismo, con frecuencia sólo produjo, de hecho, una burguesía parasitaria que vivía a expensas de un campesinado cada vez más expoliado por ella y por las crecientes demandas del Estado. En consecuencia, declinó [45]. La antigua estructura social predominaba aún.

Pueden derivarse de ello dos resultados. En primer lugar, es improbable que hubiese entonces una gran innovación técnica, pese a que el primer manual (italiano) sobre rotación de cultivos apareció a mediados del siglo XVI y teniendo en cuenta que el aumento de la producción agraria no marchaba al mismo ritmo que la demanda [46]. Desde este momento hasta el final del período, se advierten signos de disminución de los beneficios y escasez de los alimentos, de zonas de exportación que agotan sus cosechas para satisfacer las necesidades locales, etc., todo lo cual fue un preanuncio de las hambres y epidemias del período de crisis [47]. Segundo, la población rural, sujeta a la doble presión de terratenientes y hombres de ciudad (para no mencionar al Estado), y mucho menos capaz que ellos de defenderse de las guerras y el hambre, sufría [48]. En ciertas regiones, la cortedad de miras de esta "acción de agotamiento" puede en realidad haber producido una tendencia declinante en la productividad durante el

---

[45] Marx, *Capital*, III, XLVII, sec. V en métayage; G. de Falguerolles, Décadence de l'economie agricole a Hempaut (Languedoc), *Annales du Midi* 53, 1941, 142, un importante artículo.

[46] Raveau, *op. cit.* cap. III. Sobre el carácter no innovador de los manuales agrícolas franceses. G. Lizerand, *Le Régime rural de l'ancienne France*, 1941, 79-81. M. J. Elsas, *Umriss einer Geschichte c. Preise u. Loehne in Deutschland*, 1949, sobre la productividad agrícola estable.

[47] G. Coniglio, *Il regno di Napoli al tempo de Carlo V*, 1951 y Braudel *op. cit.* V. Barbour, *Capitalism in Amsterdam*, 1949, 26-7; A. Juergens, *Z. schleswit-holsteinschen Handelsgeschichte Im 16 u. 17 Jh.* 1914, 10-2 sobre el cambio de un área exportadora a una importadora a fines del siglo XVI.

[48] Porque ellos descansaban en las provisiones locales de alimentos, mientras que las ciudades importaban en todos los casos, a menudo desde grandes distancias. Meuvret "La géographie du prix des céreales", *Revista de Economía*, Lisboa 1951, 63-9. Falguérolles, *loc. cit.* Sobre todo cuando los campesinos dejaron de comer trigo, porque con su venta pagaban los impuestos.

siglo XVII[49]. La campiña fue sacrificada en beneficio del señor, la ciudad y el Estado. Su sobrecogedor índice de mortalidad —si es que el relativamente próspero Beauvaisis constituye una guía— era el segundo después del de los trabajadores domésticos no dependientes, también cada vez más ruralizados[50]. La expansión en esas condiciones originó la crisis.

Lo que sucedió en los sectores no agrícolas dependió en gran medida de los agrícolas. Quizás los costos de manufactura subieron indebidamente debido al alza más rápida de los precios agrícolas con respecto a los industriales, reduciendo así el margen de beneficios de los fabricantes[51]. (No obstante, los manufactureros utilizaban cada vez más la mano de obra barata de los trabajadores rurales no dependientes, que eran explotados nuevamente en razón de su debilidad.) También el mercado enfrentaba dificultades. El mercado rural en conjunto no había resultado satisfactorio. Muchos campesinos propietarios se beneficiaron con el alza de los precios y con la creciente demanda de sus productos, dado que poseían suficiente tierra como para vender y alimentarse durante los años difíciles, y una buena cabeza para los negocios[52]. Pero si bien esos hacendados compraron mucho más que antes, aun así compraron menos que los hombres de ciudad de igual posición, siendo más autosuficientes[53]. La experiencia de Francia durante el siglo XIX demuestra que el campesinado de nivel medio y superior representa un mercado tan indiferente a las manufacturas en masa como quizás no haya otro. Naturalmente, ello no incita a los capitalistas a revolucionar la producción. Sus exigencias son tradicionales: la mayor parte de su riqueza termina convirtiéndose en más tierra o más ganado, en provisio-

[49] Falguérolles, *loc. cit.* lo sostiene así.
[50] Goubert, *loc. cit.*
[51] Elsas, *op. cit.* O. Roehlk, *Hanssisch-Norwegische Handespolitik im. 16 Jh.*, 1935 para una excelente discusión de esto, aunque relativa a las "tijeras de precios" entre los precios del cereal y del pescado. Report of Royal Comission on Cloth Industry, 1640. E. H. R. 1942, 485-6.
[52] Bloch, *op. cit.* 145 sobre este importante punto último.
[53] M. Campbell, The English Yeoman, 1942, 186-7, cap. VI, en su totalidad y Hoskins, *Past and Present* 4, 1953.

nes o en nuevas construcciones, o hasta en un franco derroche, como aquellos casamientos y funerales dignos de Gargantúa que alteraron los precios continentales durante el siglo XVI [54]. El aumento de la demanda por parte de los sectores no agrícolas (ciudades, mercado de lujo, demanda gubernamental, etc.) puede haber ocultado durante cierto tiempo el hecho de que ésta crecía menos rápidamente que la capacidad productiva, como así también que la persistente disminución del ingreso real de los asalariados puede en efecto, según Nef, haber detenido el crecimiento de la demanda de algunos productos industriales [55]. Sin embargo, las bajas en los mercados de exportación de fines de la primera década del siglo XVII, han puesto en evidencia esta circunstancia.

Naturalmente, una vez que la declinación comenzó, hubo un factor adicional que aumentó las dificultades de la manufactura: el alza de los costos de la mano de obra. Existen pruebas de que —al menos en las ciudades— la capacidad de regateo de las clases trabajadoras subió notoriamente durante la crisis, debido tal vez al descenso o al estancamiento en las poblaciones urbanas. De todos modos, los salarios reales subieron en Inglaterra, Italia, España y Alemania, y hacia la mitad del siglo se produjo la formación de organizaciones efectivas de trabajadores en la mayoría de los países occidentales [56]. Sin embargo, ello pudo no afectar los costos de mano de obra de las industrias que daban trabajo a domicilio, ya que sus trabajadores se encontraban en una posición más débil para sacar provecho de la situación y sus salarios pieza se reducían muy fácilmente. No obstante, el hecho constituye un factor indudable. Por otra parte, la disminución del aumento de población y la estabilización de precios debe haber hundido aun más las manufacturas.

Estos diversos aspectos de la crisis pueden reducirse

---

[54] H. Widmann, *Geschichte Salzburgs*, 1914, III, 354; Feller, *op. cit.*, II, 368; H. Schnell, *Mecklenburg in Stalter d. Reformation*, 1900, 201.

[55] "Prices and Industrial Capitalism", *Econ. Hist. Rev.*, VII, 184-5.

[56] Knoop and Jones, The Medieval Mason, 1949, 207-12, Cipolla en *Econ. Hist. Rev.*

a una sola fórmula: la expansión económica se produjo dentro de un marco social que no era aun suficientemente fuerte como para estallar y, de alguna manera, se adaptó más bien a él que al mundo del capitalismo moderno. Los especialistas del período jacobino deben determinar qué fue lo que precipitó realmente la declinación de la plata americana: si el colapso del mercado báltico o algún otro de los muchos factores posibles. Una vez aparecida la primera grieta, toda la estructura debía tambalearse. Se tambaleó, y durante el período de crisis económica y efervescencia social que siguió, tuvo lugar el decisivo desplazamiento desde la empresa capitalista adaptada a un marco predominantemente feudal hacia la empresa capitalista transformadora del mundo según sus propias pautas.

Por lo tanto, la Revolución en Inglaterra fue el incidente más dramático de la crisis y al mismo tiempo su encrucijada. "Esta nación", escribió Samuel Fortrey en 1663 en su *England's Interest and Improvement*, "no puede esperar menos que llegar a ser la mayor y más floreciente de todas". Podía y lo hizo; y los efectos de este hecho sobre el mundo habían de ser portentosos.

En la primera parte de este trabajo traté de presentar algunas de las pruebas que sustentan la opinión de que hubo una "crisis general" de la economía europea durante el siglo XVII, como así también de sugerir algunas de las razones por las cuales esto habría ocurrido. Argumenté que ello se debió, en gran medida, a la imposibilidad de superar ciertos obstáculos generales que aún obstaculizaban el camino hacia el completo desarrollo del capitalismo. Sugerí también que la "crisis" por sí misma creó las condiciones que hicieron posible la revolución industrial. En esta segunda parte me propongo discutir los modos en que ello pudo haber acontecido: por ejemplo, el resultado de la crisis.

Quizás merezca la pena recordar que el período de dificultades abarcó casi un siglo, desde la tercera década del siglo XVII hasta la misma década del XVIII. Después, el cuadro general toma un tinte más rosado. Los problemas financieros de la época de las guerras fueron más o menos resueltos a expensas de numerosos inversores, en Gran Bretaña y Francia, y por medio de dispositivos tales como el *South Sea Bubble* y *Law's System*. Las pestes y plagas, si bien no el hambre, desaparecieron de Europa Occidental después de las epidemias de Marsella de 1720-1. Por todas partes se advertía un aumento de la riqueza, el comercio y la industria, el crecimiento de la población y de la expansión colonial. Lenta en sus comienzos, la marcha del cambio económico llegó a ser precipitada, en algún momento entre 1760 y 1780. La Revolución Industrial había empezado. Hubo, como veremos, signos de una "crisis de crecimiento" en la agricultura, en la economía colonial y en otros aspectos, desde el tercer cuarto del siglo XVIII, pero sería imposible escribir la historia del siglo XVIII en función de una "fase de contracción", tal como un historiador contemporáneo ha escrito acerca del siglo XVII [57].

Pese a ello, si el argumento de que los obstáculos fundamentales en el camino del desarrollo capitalista desaparecieron en algún momento del siglo XVII es correcto, podemos con justicia preguntarnos por qué la revolución industrial no avanzó a grandes pasos hasta fines del siglo XVIII. El problema es real. En Inglaterra al menos, es difícil sustraerse a la impresión de que la tormentosa marcha del desarrollo económico hacia fines del siglo XVII *debió* haber causado el surgimiento más temprano de la revolución industrial. El lapso entre Newcomen y James Watt, entre el momento en que los Darbys de Coalbrookdales descubrieron cómo fundir el hierro con carbón y el momento en que el método se generalizó, es de hecho bastante largo. Es significativo que la Royal Society se quejase en 1701 de que "el desalentador abandono de los grandes, la impetuosa oposición de los ignorantes y los reproches de los insensatos, hubiesen frustrado, desdichadamente, su propósito de perpetuar una serie de inventos útiles" [58]. Hasta en algunos otros países se advierten signos de cambios económicos durante la última década del siglo XVII, que llevan no más allá, por ejemplo, de las innovaciones agrícolas de Normandía y el sudoeste

---

[57] R. Mousnier, *Le XVIe et le XVIIe siècles*, París 1954.
[58] S. Mason, *A History of the Sciences*, 1953, 223.

de Francia [59]. Nuevamente gravita cierto malestar sobre la agricultura británica —y quizás también sobre algunas industrias— durante la segunda y tercera década del siglo XVII [60]. En el terreno intelectual hay una brecha análoga. El presente artículo no se propone encarar este problema, que sin duda debe ser resuelto si queremos tener una comprensión adecuada del proceso del desarrollo económico moderno y de los orígenes de la Revolución Industrial. Pero el espacio prohibe toda tentativa, aun rápida y superficial, de discutirlo aquí.

## Las condiciones del desarrollo económico

Los obstáculos en el camino de la Revolución Industrial fueron de dos tipos. Se ha dicho, en primer lugar, que la estructura económica y social de las sociedades precapitalistas, simplemente no le dejaba campo de acción suficiente. Hubo de tener lugar algo así como una revolución preliminar, antes de que ellas fuesen capaces de sobrellevar las transformaciones que Inglaterra sufrió entre 1780 y 1840. Naturalmente, esto había comenzado mucho tiempo antes. Debemos considerar hasta dónde se le adelantó la crisis del siglo XVII. Pero hay un segundo problema, aunque éste es más especializado. Aun cuando quitáramos los obstáculos del camino de la Revolución Industrial, ello no daría por resultado una sociedad de máquinas y fábricas. Entre 1500 y 1800 muchas industrias perfeccionaron métodos destinados a expandir la producción rápida e ilimitadamente, pero merced a una organización y una técnica bastante primitivas. Por ejemplo: los productores de efectos de metal de Birmingham, los fabricantes de armas de Lieja, los de cuchillos Sheffield o Solingen. Estas ciudades

---

[59] H. Enjalbert, Le Commerce de Bordeaux et la vie econ. dans le Bassin Aquitain au 17e s. *Annales du Midi 62*, 1960, 21 y ss., Les études d'histoire normande de 1928 a 1951 *Annales de Normandie I*, 1951, 178.

[60] Debo mis conocimientos sobre esto al Prof. H. J. Habaakik, Dr. J. D. Chambers, Mr. D. C. Coleman, Mr. D. Joslin y otros estudiosos del período.

producían sus mercancías características, en su mayoría, de la misma manera en 1860 que en 1750, aunque en cantidades muy superiores y con el uso de nuevas fuentes de energía. Por lo tanto, lo que tenemos que explicar no es sólo el ascenso de Birmingham con sus subdivididas industrias artesanales, sino específicamente el ascenso de Manchester con sus fábricas, porque fueron Manchester y sus similares las que revolucionaron al mundo. ¿Cuáles fueron las condiciones que, en el siglo XVII, ayudaron no sólo a quitar del paso los obstáculos generales sino también a originar las condiciones que dieron nacimiento a Manchester?

Sería sorprendente descubrir que las condiciones para el desarrollo de la moderna economía industrial surgieron por todas partes en la Europa de los siglos XVII y XVIII. Lo que debemos demostrar es que, como resultado de los cambios del siglo XVII, ellas se desarrollaron en una o dos zonas lo suficientemente grandes y lo suficientemente eficaces económicamente como para servir de base a una posterior revolución mundial. Esto es muy difícil. Quizás no sea posible hacer ninguna demostración definitiva hasta tanto poseamos más información cuantitativa que la que tenemos actualmente. Ello es más difícil aún porque en las áreas más vitales de la economía —la de la producción agrícola y manufacturera propiamente dicha— no sólo sabemos muy poco sino carecemos además de aquellos hitos que alientan al historiador de la Revolución Industrial en su camino: talleres de hilados, telares mecánicos, ferrocarriles. Por lo tanto, el historiador de la economía de nuestro período puede tener la fuerte impresión de que "en cierto momento, hacia la mitad del siglo XVII, la vida europea se transformó tan completamente en muchos de sus aspectos que tendemos en general a considerar a ese momento como una de las grandes vertientes de la historia moderna"[61]. No obstante, no puede probarla fehacientemente.

---

[61] G. N. Clark, *Seventeenth Century*, p. IX.

## El siglo XVII, época de concentración económica

El tema principal de este artículo puede ser resumido como sigue: La crisis del siglo XVII derivó en una considerable concentración del poder económico. En esto difiere, según creo, de la del siglo XVI que tuvo —al menos por un tiempo— un efecto opuesto. Este hecho puede indicar que la antigua estructura de la sociedad europea ya había sido considerablemente minada, puesto que puede argumentarse que la tendencia normal de una sociedad puramente feudal, al hallarse en dificultades, consiste en volver a una economía de pequeños productores locales —por ejemplo campesinos— cuyo modo de producción sobrevive fácilmente al colapso de una elaborada superestructura de comercio y agricultura de propietarios [62]. Directa e indirectamente, esta concentración sirvió a los fines de la futura industrialización aunque, naturalmente, nadie se lo había propuesto. Los sirvió directamente por medio del fortalecimiento de la industria "a domicilio", a expensas de la producción artesanal, y de las economías "avanzadas" a expensas de las "retrasadas", y por medio de la aceleración del proceso de acumulación del capital. Indirectamente, contribuyendo a solucionar el problema de obtener un excedente de productos agrícolas, y también de otras maneras. Por supuesto, no se trató de un proceso a lo Pangloss, en el cual todo acontecía para bien, en el mejor de los mundos. Muchos de los resultados de la crisis fueron mero derroche o hasta retroceso, si se los examina desde el punto de vista de una eventual revolución industrial. Ni tampoco este proceso fue inevitable, a corto plazo. Si la Revolución Industrial hubiese fracasado, como fracasaron tantas otras revoluciones en el siglo XVII, es muy probable que el desarrollo económico se hubiese retardado mucho. No obstante, su efecto neto fue económicamente progresista. A pesar de que esta generalización —como todas las generalizaciones— puede ser discutida, es casi induda-

---

[62] H. Takahashi, "The Transition from Feudalism to Capitalism" (*Science and Society* XVI [1952], 334).

ble que la concentración económica tuvo lugar en diversas formas en el Este y el Oeste, en condiciones de expansión, contracción o estancamiento. En el campo, los grandes terratenientes se beneficiaron a expensas de los campesinos y de los pequeños propietarios, tanto en la Inglaterra de la Restauración como en Europa Oriental. (Si consideramos a las ciudades como formas singulares de señoríos feudales, tenemos la impresión de que la concentración era mayor aquí que en el continente.) En las zonas no industriales, las ciudades se beneficiaron a expensas del campo, quizás porque gozaban de mayor inmunidad frente a los señores, los soldados y el hambre, o por otras razones [63]. Las medidas administrativas —como el impuesto a los consumos implantados en Prusia— pudieron quizás intensificar este proceso, pero no fueron totalmente responsables de él. Las zonas de Europa Oriental en las que las ciudades, al igual que los pequeños propietarios y campesinos, declinaban ante la presión de los magnates, son una excepción que sólo contribuirá a confirmar el panorama general de concentración. Dentro de las ciudades, la riqueza puede también haberse concentrado, al menos en los casos en que los señores no eran lo suficientemente fuertes como para tomar los viejos derechos ciudadanos de explotación del campo, tal como lo hicieran en la Europa Oriental [64]. En las áreas industriales tenemos lo que Espinas llamó "la doble orientación de la producción en grandes y pequeños centros" [65], es decir, la sustitución del trabajo rural no dependiente controlado por grandes grupos comerciales, nacionales o extranjeros, por los oficios ciudadanos de mediano tamaño. Tenemos también un cierto reagrupamiento de industrias que puede considerarse, en algunos casos,

---

[63] A. Girard, "La repartition de la population en Espagne" (*Rev. Hist. Econ. & Soc.* 1929, 350-1, 354); Roupnel, *La vie et la campagne dijonnaises au 17ᵉ s.* (1922), 89-91, 150; G. Schmoller, Deutsches Staedwesen in aelterer Zeit (1922), 272-89.

[64] Un llamativo ejemplo en A. Helbok, *Bevoelkerung d. Stadt*, Bregenz (Innsbruck 1912), 148, 150. Karaisl, Z. Gesch. d. Muenchner Patriziats (*Jb. f. National-oekonomie* 152 (1940) I ff. Pero ver F. Tremel, Handel D. Stadt Judenburg (*Ztschr. d. hist. Vereins f. Steiermark* 1947) sobre los efectos niveladores del empobrecimiento general.

[65] *Annales d'Hist. Econ. & Soc.* VII, 186-8.

como concentración, por ejemplo, allí donde las manufacturas especializadas para un mercado nacional o internacional crecieron en zonas particulares, en lugar de las manufacturas de radio más amplio para mercados regionales [66]. En todas partes, las grandes ciudades metropolitanas crecían a expensas de la ciudad, el campo o ambos. Internacionalmente, el comercio se concentró en los estados marítimos, y dentro de ellos, las ciudades tendieron, por turno, a adquirir preponderancia. Por otra parte, el creciente poder de los estados centralizados contribuyó también a la concentración económica.

## La agricultura

¿Cuáles fueron los efectos de este proceso sobre la agricultura? Hemos visto que existen pruebas de que, hacia fines del siglo XVI y comienzos del XVII, la expansión del excedente agrícola para el mercado se retrasó con respecto a la de los consumos no agrícolas. En última instancia, el gran excedente esencial para el desarrollo de la moderna sociedad industrial, había de lograrse principalmente por medio de la revolución técnica, es decir, aumentando la productividad y extendiendo el área cultivada, a través de una agricultura capitalista. Sólo así podía la agricultura producir no sólo el excedente de alimentos necesarios para las ciudades —para no mencionar ciertas materias primas industriales— sino también el trabajo para la industria. En los países desarrollados, sobre todo en los Países Bajos y en Inglaterra, se advertían desde tiempo atrás signos de la revolución agrícola; estos signos se multiplicaron a partir de mediados del siglo XVII. También se registró un marcado aumento en el cultivo de especies nuevas y poco comunes como el maíz, las papas y el tabaco. Estas especies pueden ser consideradas como propias de la revolución agrícola. Hasta mediados del siglo XVII, el maíz se había cultivado sólo en

[66] G. N. Clark, *op. cit.*, 76.

el delta del Po (desde 1554); poco después se difundió en Lombardía y Piamonte. En 1550 había en Lombardía 5.000 hectáreas sembradas de arroz; en 1710 había 150.000, es decir casi tanto como hoy y sólo 3/8 menos que el máximo de acres cultivados en 1870. Los cultivos de maíz y algodón se difundieron sin duda en los Balcanes. En cuanto a las papas, parecen haber acusado un gran empuje en Irlanda y quizás en el norte de Inglaterra hacia 1700, aunque · éstos eran prácticamente los únicos lugares donde se cultivaban [67]. Sin embargo, sería poco inteligente deducir de todo esto que la innovación técnica haya contribuido en mucho a la producción agrícola antes de mediados del siglo XVIII —también en este caso las excepciones son Inglaterra y los Países Bajos, como así también las zonas de cultivo del maíz— o haya ido más allá de la horticultura que, como señaló Meuvret, se prestó fácilmente a la experimentación técnica [68]. Es dudoso que en muchas zonas de Europa el área cultivada abarcara, en 1700, una extensión mucho mayor que en 1600.

Lo que pasó, exactamente, en Europa Occidental, no está en absoluto claro, aunque sabemos que Inglaterra exportó cada vez más cereales, desde fines del siglo XVII. Parecería, a juzgar por lo que sabemos de Francia, que la demanda ascendente de los grandes mercados de alimento como París, fue satisfecha de las siguientes maneras: a) utilizando las reservas de las zonas agrícolas proverbialmente ricas pero que no habían sido aprovechadas al máximo en tiempos normales; b) aumentando la "caza furtiva" en las reservas de otras ciudades [69]. A pesar de que no hay pruebas obvias de aumentos en la productividad, sería de esperar que esto hubiese significado, en última instancia, o bien una transferencia de productos de menor rendimiento por acre a otros de mayor rendimiento (por ejemplo, de ganado a cereales), o bien una simple transferencia

---

[67] *Encicl. Italiana*, T. Stoyanovitch, "Land Tenure etc., of the Balkan Economy" (*Journ. Econ. Hist.* XIII, 4, 1953, 398-412); R. N. Salaman, "History & Social Influence of the Potatoe" (1949).

[68] *Essays in honour of L. Fevre*, vol. II (1953).

[69] A. P. Usher, *Hist. of the grain trade in France*, 1400-1710 (1913), 56, 80-2, 180.

de algunos individuos —probablemente los campesinos miserables— a otros. Existen pruebas de que los campesinos se vieron obligados a observar una dieta peor, vendiendo su trigo en el mercado, en todo caso en el Sur, que no había tenido nunca un gran excedente de productos alimenticios. El final del siglo XVII parece indicar una declinación de la dieta corriente en Inglaterra [70].

Lo que sucedió en Europa Central y Oriental está más claro.

El desarrollo de una economía de estados de tipo servil fue acelerado y acentuado, lo cual puede considerarse como la victoria decisiva del nuevo dominio servil o, mejor aun, de los grandes poseedores de siervos ("magnates") sobre la nobleza menor y la clase media. No es necesario discutir cuánto de esta resurrección del feudalismo se debió a la creciente demanda de los mercados exteriores de alimentos —localmente o en el extranjero— y cuánto a otros factores [71]. De todos modos, hay muchos factores que concurrieron para aumentar el poder económico y político de los magnates, que eran los que con mayor eficacia y al por mayor convertían a los campesinos en siervos. Con raras y transitorias excepciones —la política campesina de la monarquía sueca en el Báltico hacia fines del siglo podría ser una— [72] ni siquiera los monarcas absolutistas podían o deseaban intervenir en ello. En realidad, tendían a hacerlo progresar, porque sus victorias sobre las haciendas e instituciones similares (fortalezas de los nobles menores, significaron: por una parte, el debilitamiento de éstos y por otra, el relativo fortalecimiento de los pequeños grupos de magnates que se reunían alrededor de la corte gobernante y que podían ser virtualmente considerados como un mecanismo de distribución de los ingresos impositivos del país entre ellos, de una manera u otra. De todos modos, como en Rusia y Prusia, el poder del monarca en el Estado se com-

[70] Drummond and Wilbraham, *The Englishman's Food* (1939) 119-22.
[71] Ver Doree Warriner, "Some controversial Issues in the history of Agrarian Europe" (*Slavonie Review* XXXII, 1953, 168 ff).
[72] O. Liiv, *D. wirtschaftl. Lage d. estnischen Gebietes am Ausgang d. 17 Ja.* (Tartu 1935), Revisto en *Baltic Countries* III, I. 129-30.

praba a veces al precio de renunciar a toda interferencia con el poder del señor en su propiedad. Cuando el poder real se estaba desvaneciendo, como en Polonia, o declinaba, como en Turquía (donde los feudos no hereditarios concedidos en pago de servicios militares dieron paso a las propiedades feudales hereditarias), la tarea del señor era aun menos complicada.

La decisiva victoria del estado de tipo servil no produjo un incremento de la productividad pero fue capaz de crear —al menos por un tiempo— un gran monto de productos agrarios potencialmente vendibles y que, con el correr del tiempo, seguramente se vendieron. En *primer* lugar, en las zonas más primitivas tales como los Balcanes y las zonas fronterizas del Este, esto pudo obligar a los campesinos a permanecer dentro de la economía antes que a escapar por migración o nomadismo [73], y a mantener cultivos de exportación antes que cultivos de subsistencia, o hasta a cambiar una economía de lechería por una de labranza. En Bohemia y en otros lugares [74], este último cambio se vio también favorecido por la Guerra de los Treinta Años. El ejemplo de Irlanda en el siglo XVIII demuestra que la mera transferencia de ganado a campos de cultivo puede tener, durante un tiempo, el efecto de una revolución agrícola. En segundo lugar, la propiedad feudal pudo llegar a ser, cada vez más, una *Gutsherrschaft*, que obtenía beneficios de la venta de lo producido por los siervos en la labranza, y no una *Grundherrschaft*, basada en el ingreso de dinero o de productos aportados por los campesinos dependientes. Las propiedades diferían según el grado en que lo hacían; un 69 % del ingreso de algunas haciendas checas en 1636-37 provenía de beneficios de tierras propias, pero sólo un 40 % ó un 50 % de ese tipo de beneficios se daba en algunas propiedades del Este de Alemania durante la mitad del siglo XVIII [75]. Podemos suponer, sin embargo, que la

---

73 Stoyanovitch, *loc. cit.*
74 W. Stark, "Niedergang u. Ende d. landwirtsch. Grossbertriebs in d. boehmischen Laendern" (*Jb. f. Nationaloekonomie* 146 [1937], 418, 421-2); O. Klopp, *Geschichte Ostfrieslands 1570-1751* (1856), 412.
75 Heising, *Die Schaffgotschen Gueterkomplexe* (1884); W. Stark, "Abhängigkeitsverhältnisse Boehmens im 17-18 Jh. (*Jh. f. Nationalokon.* 164, 1952, 272-3). Pero en Hungría era todavía sólo un 10 ó 15 %;

transferencia de las haciendas desde las manos de los pequeños propietarios a las de los grandes propietarios aumentaría sus ganancias en la explotación porque, frente al nivel notablemente bajo de la agricultura de tipo servil, sólo los señores verdaderamente grandes podían encontrar que los beneficios de dirigir su hacienda como una fábrica de granos, compensaban el problema de organizar y supervisar las enormes cuadrillas de siervos reacios al trabajo. En las proximidades de los puertos exportadores, los comerciantes podían entusiasmar a los señores para que ingresaran a una economía exportadora, o podían también obligarlos a hacerlo, mediante el préstamo de dinero contra la promesa de la venta de las cosechas, como en Livonia [76].

Debemos admitir que esto no podía bastar para resolver el problema del crecimiento capitalista de manera permanente. La economía de tipo servil era terriblemente ineficaz. El mero hecho del trabajo forzado la condenaba a una menor eficacia en la utilización de la tierra o de la fuerza humana. Una vez que una zona ha sido completamente "servilizada" y se ha intensificado al máximo el trabajo forzado —digamos cinco o seis días a la semana— [77] la producción misma se estabiliza, si no se "servilizan" nuevas zonas. Pero las dificultades de transporte imponen límites. La expulsión de los turcos pudo abrir las tierras interiores de los puertos del Mar Negro, pero —para citar un ejemplo obvio— Siberia occidental estaba todavía destinada a permanecer inaccesible. De allí que, tan pronto como los límites efectivos de la agricultura de tipo servil fueron alcanzados, ésta entró en un período de crisis. Desde la década 1760-70 en adelante, esto fue reconocido y se reflejó, en cierta medida, en los proyectos del despotismo ilustrado [78]. La economía de tipo servil se

---

E. Szabó, "Les grandes domaines" (*Rev. Hist. Comparée* 1947, N. S., vol. 2, p. 188).

[76] U. Handrack, *Handel d. Stadt Riga* (Jena 1932). Revisto en *Baltic Countries* II, I.

[77] J. Rosdolsky, "The distribution of the agrarian product under feudalism" (*Journ. Econ. Hist.*, 1951, 274 ff); Stark 1952, 363-4.

[78] P. Iwanow, "Zur Frage des 'aufgeklaerten Absolutismus' des 60 er Jahre d. 18 Jh." (*Zur Periodisierung d. Feudalismus u. Kapitalismus*

transformó entre 1760 y 1861. Esta transformación nos lleva más allá de los límites de nuestro período y, por lo tanto, no podemos considerarla aquí. Lo que importa a nuestros fines es que el traspaso de la propiedad de tipo servil coincidió con la crisis del siglo XVII y entró quizás en su etapa decisiva después de la Guerra de los Treinta Años, es decir alrededor de 1660 [79].

Las maneras en que la crisis aceleró este traspaso son claras. En tales circunstancias, prácticamente cualquier acontecimiento exterior —una guerra, una época de hambre, la implantación de nuevos impuestos— debilitaba al campesino (y con él a la estructura agraria tradicional) y fortalecía a sus explotadores. Por otra parte, la crisis empujó a todos estos explotadores —propietarios, clase media provinciana, Estado en el Oeste y Estado y señor en el Este— a salvarse a sus expensas. Además, se ha dicho que la declinación del comercio y la vida urbana en parte del continente habría alentado a los ricos a invertir capital en tierras, alentando también el llevar la explotación aun más lejos, tal como lo hizo la caída de los precios agrícolas. Quizás merezca la pena destacarse que esta inversión no debe confundirse con la inversión para mejoras en la agricultura, como en el siglo XVIII. Normalmente esto sólo significa inversión en el derecho de apretarle las clavijas al campesino.

El principal resultado de la crisis del siglo XVII sobre la organización industrial consistió en eliminar a la artesanía —y con ella a las ciudades artesanales— de la producción en gran escala, y en establecer el sistema "a domicilio", controlado por hombres con horizontes capitalistas y puesto en ejecución a través de una clase obrera rural fácilmente explotable. Tampoco faltan indicios de desarrollos industriales más ambi-

---

*ind. URSS*, Berlín 1962, 208 ff); F. Posch *Robotstreiks steirischer*, Bauern z. Zeit Josefs II (*Blaeter f. Heimatkunde*, 25, 2, Graz 1951); C. Dame, *Entwicklung d. laendl. Wirtschaftslebens in d. Dresden-Meissner Elbtalgegend* (Leipzig 1911) 180-1; Stark 1937, *loc. cit.*; A. Agthe, *Ursprung u. Lage d. Landarbeiter in Livland* (Tuebingen 1909), 57, 73 ff.).

[79] E. Jensen, *Danish Agriculture* (1937), 41 ff; Rutkowski, *Hist. Econ. de Pologne avant les partages* (1927), 119 ff.

ciosos, como fábricas y otros establecimientos similares, sobre todo durante el último tercio del siglo y en industrias tales como la minería, la metalurgia y los astilleros. Estas últimas requerían una actividad en gran escala, pero aun sin ellas los cambios industriales son notables. El tipo "a domicilio" (etapa variable del desenvolvimiento industrial), se había desarrollado en ciertas industrias textiles en los últimos tiempos de la Edad Media pero, por regla general, la transformación de la artesanía en industria "a domicilio" comenzó realmente durante el auge de fines del siglo XVI [80]. El siglo XVII es evidentemente el siglo durante el cual se establecieron decisivamente los sistemas de este tipo [81]. También en este caso, la mitad del siglo parece señalar una especie de vertiente; por ejemplo, la exportación en gran escala de armas pequeñas de Lieja comenzó después de la década de 1650 [82]. Ello era de esperar. Las industrias rurales no fueron perjudicadas por los altos costos de las urbanas y a menudo el pequeño productor local de mercancías baratas —por ejemplo, de los "nuevos paños"— podía aumentar sus ventas, mientras que los costosos productos de elevada calidad de las viejas industrias exportadoras, tales como el paño ancho y los tejidos italianos, perdían sus mercados. El tipo "a domicilio" posibilitó la concentración regional de la industria, que no era posible dentro de los estrechos límites de la ciudad, porque hizo más fácil la expansión de la producción. Pero la crisis fomentó esta concentración regional, porque sólo ella —por ejemplo, la concentración de la manufactura europea de hojalata en Sajonia— [83] podía permitir la supervivencia de la producción en gran escala cuando los mercados locales eran pequeños y los de exportación no

---

[80] Kulischer, *Allg. Wirtschaftsgesch II*, cap. 9, esp. 117. A los trabajos allí citados agregar Pirenne, *Hist. de Belgique* IV, 427 ff, Wadsworth & Mann, *Cotton trade & Industrial Lancashire*, pt.; I. G. Unwin, *Studies in Economic History*; W. H. B. Court, *Rise of Midland Industries*; U. Rottstaed, *Besiedlung d. Thue ringeswaldes* (1914), 32, etc.

[81] Kulischer, 115; Des Marez, *Le compagnonnage des chapeliers bruxellois* (1909), 13-16.

[82] C. A. Swaine, "Heimarbeit in d. Gewehrindustrie v. Luettich" (*Jb. f. Nationaloekonomhie* 3, Folge XII, 177-8).

[83] L. Beck, *Gesch. d. Eisens* II, 979-80.

se ampliaban. (El caso de los países de mercado desarrollado será considerado más adelante.) El aspecto negativo de este desarrollo era que permitía que las ciudades se transformasen en pequeñas islas autosuficientes y de estancamiento técnico, con una mayor predominancia de la artesanía [84]. Es decir que, dado que la gente no vivía de hacer lavados a domicilio pudo acontecer que engordasen a costa de la campiña circundante o del tránsito comercial. Ello puede haber contribuido, de paso, a que parte de la clase media provinciana acumulase capital, pero ello no es seguro. El aspecto positivo era que el trabajo "a domicilio" fue el disolvente más eficaz de la tradicional estructura agraria y suministró un medio de rápido crecimiento de la producción industrial antes de la adopción del sistema fabril.

Por otra parte, el desarrollo en gran escala del tipo a domicilio depende por lo general —o al menos implica— una considerable concentración del control comercial y financiero. El herrero local puede esperar colocar sus mercancías en el mercado local. Una comunidad especializada de herreros, productores de guadañas para un mercado de exportación que se extendía desde Europa Central hasta Rusia —como los Estirios— depende de los comerciantes exportadores de algunos centros comerciales, que por lo general son muy pocos [85]. (Depende también, por supuesto, de toda una jerarquía de intermediarios.) De esta manera, el tipo de trabajo "a domicilio" hizo probablemente aumentar la acumulación de capital en unos pocos centros de riqueza.

## La acumulación de capital

De esta manera, la concentración contribuyó a incrementar la acumulación de capital de diversas maneras. Sin embargo, el problema del suministro de capital en

---

[84] E. Coornaert, *Les corporations en France* (1941), cap. V.
[85] F. Tremel, "Steirische Sensen" (*Blaetter f. Heimatkunde* 27, 2, 1953).

los períodos que precedieron a la Revolución Industrial, fue doble. Por un lado, la industrialización requería probablemente una acumulación preliminar de capital mucho mayor que la que el siglo XVI podía obtener \*. Por otra parte, requería inversión en los lugares adecuados, donde se aumentaba la capacidad productiva. La concentración —es decir, la creciente distribución desigual de la riqueza en los distintos países— aumenta casi automáticamente la capacidad de acumular, pero no en aquellos lugares donde la crisis provocó un empobrecimiento general. Además, como veremos más adelante, la concentración en favor de las economías marítimas con su nuevo mecanismo, sumamente eficaz para la acumulación de capital (obtenido, por ejemplo, por las empresas comerciales en el extranjero y en las colonias), sentó las bases para una acumulación acelerada, semejante a la que encontramos en el siglo XVIII. No abolió automáticamente la mala inversión. Pero, como hemos visto, fue más bien esto y no la inversión insuficiente, la principal dificultad y una de las causas que contribuyeron a precipitar la crisis del siglo XVII. Tampoco eso terminó. En muchas partes de Europa, la crisis desviaba la riqueza hacia las aristocracias y burguesías provinciales, que estaban muy lejos de utilizarla productivamente. Además, aun la redistribución del capital en favor de las economías marítimas podía llegar a producir una mala inversión, aunque de otro tipo: por ejemplo, la desviación de capital desde la industria y la agricultura hacia la ex-

---

\* Se sostiene a veces que el carácter fragmentario y barato de las primitivas plantas industriales —por ejemplo las fábricas de algodón— permitía que fuesen financiadas con muy poco capital inicial y reinvirtiendo los beneficios. El ejemplo es desconcertante. Debemos tener en cuenta no sólo la inversión total necesaria para poner en marcha la forma individual sino también la inversión total necesaria para dar un comienzo rápido a una economía industrial: carreteras, canales, muelles, barcos, construcciones de todo tipo, inversiones agrícolas, minas, etc. En realidad, una industrialización rápida necesita no sólo este equipo inicial sino también una continua inversión de la misma clase. Esto confiere a la economía que tiene reservas acumuladas (digamos, por ejemplo, la Gran Bretaña del siglo XVIII), una amplia ventaja sobre la economía que no las tiene (por ejemplo, Austria en el siglo XVIII). Se olvida también a menudo el hecho de que todos los gobiernos trataron, en los últimos tiempos del siglo XVIII, de industrializarse, pero pocos lo consiguieron.

plotación colonial y el comercio y las finanzas ultramarinas. Los holandeses constituyen el ejemplo más clásico de tal desviación, pero ella se produjo también en Gran Bretaña durante el siglo XVIII, probablemente.

Por lo tanto, la crisis no produjo ningún mecanismo automático que permitiese invertir capital en los lugares adecuados. Sin embargo, produjo dos formas indirectas de hacerlo. *Primero*, en los países continentales, la empresa gubernamental de las nuevas monarquías absolutas fomentó las industrias, las colonias y la exportación, que de otra manera no hubieran florecido, como en la Francia de Colbert, expandido o salvado del colapso la minería y la metalurgia [86] y sentado las bases para industrias en lugares donde el poder de los señores del sistema servil y la debilidad o el parasitismo de las clases medias lo inhibían. *Segundo*, la concentración de poder de las economías marítimas contribuyó a fomentar considerablemente la inversión productiva. Así, el flujo creciente del comercio colonial y extranjero estimuló, como veremos, las industrias nacionales y las agriculturas que las abastecían. Las exportaciones locales pueden haber sido, en opinión de los grandes intereses comerciales holandeses o británicos, sólo un apéndice para la reexportación de bienes (sobre todo coloniales), pero su desarrollo no dejó de tener cierta importancia. Además, es posible que el virtual monopolio holandés del comercio internacional pueda haber inducido a las zonas rivales, pero todavía menos triunfantemente "burguesas", a invertir localmente más capital que el que hubiesen invertido, de haber gozado de las oportunidades de los holandeses. Por ello, hubo al parecer una gran proporción de inversión local en Gran Bretaña entre 1660 y 1700, que se refleja en el desenvolvimiento sumamente rápido de numerosas industrias británicas. A comienzos del siglo XVIII esta velocidad se redujo. El período inactivo de la tercera, cuarta y quinta décadas, que señalamos anteriormente, puede por lo tanto deberse en parte a la desviación del capital de ultramar que siguió a los extraordinarios éxitos de Gran Bretaña en las guerras

---

[86] Por ej., L. Beck, *op. cit.*, 1039-41.

de 1689-1714. Sin embargo, las bases del futuro avance industrial ya habían sido echadas.

## El aparato comercial y financiero

Poco es necesario decir acerca de los cambios en el aparato comercial y financiero que se produjeron durante el período de crisis. Estos cambios aparecen más claramente en la Europa del Norte (donde las finanzas públicas fueron revolucionadas) y sobre todo en Gran Bretaña. Tampoco es necesario discutir hasta qué punto esos cambios —que fueron en efecto la adopción por parte de los del Norte, de los métodos e invenciones conocidas desde mucho antes por otras gentes, como los italianos— se debieron a la crisis misma.

No discutiremos el efecto de la crisis sobre el crecimiento de lo que se llamó entonces "espíritu capitalista" y que se conoce actualmente con el nombre de "habilidad empresaria". No existen pruebas de que las extravagancias autónomas de los estados de ánimo de los hombres de negocios sean tan importantes como la escuela alemana creía y como cierta escuela americana cree actualmente. En la primera parte de este trabajo se sugirieron algunas de las razones de esta afirmación.

# II

Debemos examinar ahora el problema específico del origen de la revolución industrial. La concentración y la redistribución pueden haber echado los cimientos del avance posterior, pero no explican por sí mismas su naturaleza precisa. Porque, si de ellas habría de surgir la industrialización, ésta tenía que producir dos formas singulares de expansión. *Primero*, tenía que fomentar las manufacturas en los países con base capitalista más fuerte y en escala suficiente para revolucionar (gradualmente) al resto del mundo. *Segundo*, tenía que establecer la supremacía de la producción sobre el consumo, lo cual constituye un requisito previo fundamental para la industria capitalista.

## El caso holandés

El primer punto es simple. Así, el desarrollo de las manufacturas en un país como Rusia, pese a que anunció y preparó la eventual disolución del feudalismo allí, fue de hecho absorbido, durante este período, por la estructura feudal general. Los trabajadores del metal de los Urales no eran proletarios, sino un tipo especial de siervos. Ciertos empresarios capitalistas en potencia como los Stroganovs, Demidovs o Yakovlevs, llegaron a ser tipos especiales de señores del sistema servil [87]. La industria rusa no se desarrolló a la manera de una extensión de tal empresa, sino sobre sus ruinas.

---

[87] Tugan-Baranowsky, *D. Russische Fabrik*; E. Kutaissoff, "The Ural Metal Industry in the 18th century (*Econ. Hist. Rev.* 2d. Ser. IV, 1951-1952 ff; A. M. Pankratova, "Die Rolle d. Warenproduktion" (*Sowjetwissenschaft* 1954, 3 esp., 439 ff).

Pero los mayores beneficiarios de la concentración durante el siglo XVII, los Países Bajos, fueron en cierto sentido una economía de "negocio feudal"[88], una Florencia, Amberes o Augsburgo en escala seminacional. Sobrevivió y floreció, acaparando la reserva mundial de ciertos bienes escasos y gran parte de los negocios mundiales como intermediario comercial y financiero. Los beneficios holandeses no dependieron mucho de la manufactura capitalista. De allí entonces que la economía holandesa no sirviese, hasta cierto punto, a la industrialización a corto plazo. Ni a la suya, porque sacrificó las manufacturas holandesas (hasta 1816) a los inmensos intereses establecidos del comercio y las finanzas, ni a la del resto del mundo europeo, porque alentó las manufacturas en las áreas feudales y semicoloniales donde ellas no eran lo suficientemente fuertes como para salirse de la antigua estructura social: Silesia o Alemania Occidental. En Bélgica e Inglaterra se dio exactamente lo contrario. Así, los belgas compensaron su pérdida en lo tocante a comercio y finanzas frente a los holandeses a fines del siglo XVI con el desarrollo de la producción industrial y llegaron a ser, como consecuencia de ello, una potencia industrializada mayor antes que éstos. En contra del comercio libre y la política pacifista de los holandeses, Gran Bretaña sostuvo una discriminación belicosa y una serie de políticas proteccionistas respaldadas por agresivas guerras de mercados. El futuro industrial parecía vislumbrarse con mayor posibilidad para estados "modernos" como el británico que para aquellos "pasados de moda" como el de las Provincias Unidas. Indirectamente, por supuesto, la actividad de los holandeses ayudó al avance del desarrollo industrial. Ellos poseyeron un aparato extremadamente poderoso, tanto para disolver las sociedades y economías feudales como para llevarlas más eficazmente hacia una economía internacional. Además, la mera existencia de un inmenso mecanismo para el comercio y las finanzas en general, que estaba a disposición de todos, ayudó a las economías más progresistas. El hecho de que los holandeses, principales

---

88 Para una discusión de este tipo de negocios, *Past and Present* V.

beneficiarios inmediatos de la crisis, consiguieran acaparar una parte tan importante del comercio mundial, hizo más fácil la tarea para sus rivales y sucesores. Es así que podemos hablar no sólo de la rivalidad anglo-holandesa sino también de la simbiosis anglo-holandesa. La cumbre del éxito comercial holandés coincide de hecho con el ascenso de sus rivales, entre 1675 y 1725 [89], de la misma manera que el período de máxima prosperidad británica durante el siglo XIX, entre 1850 y 1873, fue también el del desenvolvimiento más rápido de los futuros competidores de Gran Bretaña. La tendencia al monopolio introducida en el comercio por los holandeses puede también haber sido importante en otro aspecto. Podría dudarse de que antes del siglo XIX el mercado mundial fuese lo bastante extenso como para permitir la industrialización simultánea de dos o más países en escala moderna. (Sabemos, en efecto, que la industrialización británica coincidió con la captación, por parte de Gran Bretaña, de virtualmente todos los mercados mundiales para ciertos productos manufacturados, y el control de la mayoría de las zonas coloniales del mundo.) La concentración holandesa resulta entonces extremadamente importante, pero ello no debería llevarnos a exagerar la "modernidad" de los holandeses. Si las únicas economías "capitalistas" disponibles en el siglo XVII hubiesen sido como la holandesa, podríamos dudar de que el desarrollo ulterior del capitalismo industrial hubiera sido tan grande o tan rápido.

## Las condiciones para la revolución industrial

El segundo punto es igualmente evidente. Si la industria algodonera de 1760 hubiese dependido íntegramente de la demanda real de piezas de tela en ese momento; los ferrocarriles, de la demanda real de 1830; la industria automotriz de la de 1900, ninguna de estas industrias habría atravesado una revolución técnica. En cambio, podrían haberse desarrollado como la in-

---

[89] A. Hyma, "The Dutch in The Far East" (1942), 3-4, 170, 216.

dustria de la construcción, que fluctúa más o menos al mismo tiempo que la demanda real, estando a veces a la cabeza y a veces rezagada pero nunca, hasta el presente, impulsada al extremo de una verdadera conmoción técnica. La producción capitalista, por lo tanto, hubo de encontrar *las maneras de crear sus propios mercados de expansión.* Excepto en casos raros y localizados, es esto precisamente lo que ella no podía hacer dentro de una estructura feudal. En un sentido muy amplio, puede decirse que logró sus fines mediante la transformación de la estructura social. El mismo proceso que reorganizó la división social del trabajo, incrementó la proporción de trabajadores no agrícolas, diferenció al campesinado y creó las clases asalariadas, creó también hombres que dependían, para satisfacer sus necesidades, de las compras al contado. En una palabra, dio origen a los clientes para los productos. Pero quien examina la cuestión en esta forma es el investigador, no el empresario que decide revolucionar o no su producción. Además, no es de ninguna manera evidente que en estas primeras etapas la transformación social hubiese sido lo suficientemente vasta y rápida como para producir una expansión tan rápida de la demanda o —en todo caso— una posibilidad de expansión tan tentadora y cierta como para impulsar a los fabricantes hacia la revolución técnica. Ello es así en parte porque las "zonas desarrolladas" del siglo XVII y comienzos del XVIII eran todavía relativamente pequeñas y dispersas, y en parte porque la creación de condiciones para la producción capitalista crea mercados para sus productos, de muy diferentes maneras. En un extremo, tenemos países como los Estados Unidos, que habrían de desarrollar un fuerte mercado interno para sus manufacturas. En el otro —y éste era, por muchas razones, más probable durante nuestro período— tenemos países en los cuales la demanda *per cápita* de productos era extremadamente baja, al menos entre la masa de campesinos y trabajadores. Por lo tanto, si había de producirse una revolución industrial, cierto número de países o industrias debían operar dentro de una especie de "succión forzada" que avivara la codicia de los empresarios hasta el punto de la combustión espontánea.

¿Cómo se originó esta "succión forzada"? Pueden sugerirse las siguientes respuestas: Primero: como hemos visto, el comercio de todos los países estaba ampliamente concentrado directa o indirectamente, en manos de los más avanzados industrialmente. Segundo: estos países —sobre todo Inglaterra— generaron una amplia y expansiva demanda dentro de sus mercados locales. Tercero: (y quizás este hecho sea el más importante), un nuevo sistema colonial, basado principalmente en la economía de las plantaciones de esclavos, produjo su propia succión forzada especial, que probablemente fue decisiva para la industria británica del algodón, que fue la verdadera industria pionera. Es probable que estas tres respuestas sean esenciales. Lo que puede discutirse es cuál de ellas proporcionó el principal incentivo. Pero si lo que este artículo sostiene es correcto, esperamos encontrar signos de un cambio y un avance fundamentales en los mercados mundiales durante la última parte del siglo XVII, pese a que éstos podrían ser más marcados en los mercados controlados por economías capitalistas "avanzadas" que en otros.

## Los mercados no desarrollados

Poco es lo que sabemos acerca de los mercados internos (por ejemplo, la demanda de la masa de ciudadanos en una ciudad cualquiera), antes del siglo XX. Y sabemos menos aun acerca del fenómeno característico de la era moderna: el aumento de la demanda de productos y servicios nuevos como la radio (o en el período de que estamos ocupándonos, el tabaco, el té, el café o el chocolate), a diferencia de la demanda de productos nuevos destinados a satisfacer viejas necesidades, como las medias de *nylon* en lugar de las de seda (o, en el período que nos ocupa, el azúcar en lugar de los edulcorantes más antiguos). Fuera de esto, sólo con gran cautela podemos hablar de desarrollos de mercados. Sin embargo, es más improbable que la demanda aumentara considerablemente en la mayor parte de los países continentales, ni tan siquiera entre las confortables clases medias urbanas que eran los compradores más entusiastas de las manufacturas estandardizadas antes del siglo XIX. El té y el café siguieron siendo artículos de lujo hasta el siglo XVIII y la producción azucarera progresó lentamente entre 1630 y 1670 [90]. Había todavía una escasa demanda de cristal y alfarería en lugar del metal, aun entre las más prósperas familias de clase media [91]. Los distritos suizos dedicados a la relojería no avanzaron a grandes pasos hasta el siglo XVIII [92]. La venta al menudeo permaneció sin especializarse en muchas ciudades alemanas y, hasta mediados del siglo XVII, aun los parisienses obtenían más trigo de los granjeros que de los comerciantes [93]. Puede haber habido un aumento del comercio rural al por menor a fines del siglo XVI, en los lugares donde las ciudades y los señores no lo impedían. No obstante, las quejas acerca del aumento de los buhoneros pueden indicar un debilitamiento de los monopolios de la ciudad antes que un aumento de las compras rurales en efectivo [94]. De todos modos, el comercio rural decayó durante la crisis. Es indudable que en nuestro siglo, Rennes y Dijon no eran ya los mercados que habían sido [95]. Sólo pudo haber aumentado la demanda de ciertos productos, a menudo monopolizados por estados y señores y producidos por ellos: tabaco y alcohol [96]. Sin embargo, si se hace un balance se advierte que la crisis puede haber favorecido muy poco el desenvolvimiento espontáneo de la industria capitalista para los mercados continentales internos. Pudo en cambio favorecer: a) la producción artesanal para una serie de

---

[90] La estimación de Simonsen, citada en N. Deerr, *History of Sugar*, 91949, I, 112.

[91] J. M. Richard, *La vie privée à Laval aux 17e et 18e s.* (1922), 59-75.

[92] A. Pfleghardt, *D. Schweizerische Uhrenindustrie* (1908).

[93] Usher, *op. cit.*, 85. Para una bibliografía general sobre el comercio al por menor, Sombart, *D. moderne Kapitalismus* II, I, 421-35; también E. Koehler, "D. Einzenhandel im Mittelalter" (1938), 55-50.

[94] Gebauer, *Gesch. d. Stadt Hildesheim*, 227; R. Scholten, *Z. Gesch. d. Stadt Cleve* 412; E. v. Ranke, "Koeln u. d. Rheinland" (*Hans. Gesch.*, Blaetter XXVII, 1922, 29).

[95] H. Sée, *Hist. Econ. de la France*, I, 232.

[96] Stark, "Sobre la importancia del alcohol en la economía señorial" (1952); Szabó, *loc. cit.*, 185-70.

mercados locales, lo cual retardó el progreso de la industria; b) el encarecimiento de manufacturas muy baratas, subproductos del ocio o de la opresión campesinas.

El mercado más accesible en la mayoría de tales países era también el menos conveniente para el desarrollo capitalista, es decir, el de los estados y las aristocracias. Fue así que los condes Czernin prestaron al emperador cuatro millones de florines entre 1690 y 1724, pese a lo cual reservaron bastante para los gastos y construcciones más suntuosas [97]. Pero nada de esto lubricó las ruedas de la industria con tanta eficacia como las compras de la clase media. Así, un Holstein Junker mediano, en 1690, empleaba a 45 lacayos y sirvientes, además de los siervos de la propiedad: más que la plana mayor del Duque de Bedford a mediados del siglo XVIII [98]. Pero el futuro industrial no exigía una infinita disposición para mantener empleados a equipos de cocineros, estucadores o peluqueros, sino una demanda masiva.

Parte de ello lo proveían los estados y aristocracias, aunque bastante ineficazmente [99]. Primero, lo hicieron por medio de encargos directos para estandarizar el equipo y los uniformes del ejército —una innovación del siglo XVII— y otras cosas similares. Probablemente, este hecho tuvo mayor importancia para las industrias del metal para las cuales, antes de la Revolución Industrial, la guerra era el principal cliente. Segundo: trasladaron el poder adquisitivo a clases con mayor propensión a comprar productos estandarizados, a los soldados, taberneros y tenderos que vivían de ellos, a los rentistas pequeños y medios y a la masa de empleados públicos, sirvientes y dependientes menores. En realidad, en muchas zonas las perspectivas de un buen mercado dependían en gran medida de la eficacia con que los valets robaban a sus amos. La mayoría de estos métodos hallaron expresión en la "gran ciudad", mer-

---

[97] B. Bretholz, Gesch. *Boehmen's u. Maehrens* (1924), III, 52-3.
[98] G. Hanssen, *Agrarhistorische Abhandlungen* (1880), 457; G. Scott Thompson, *The Russells of Bloomsbury* (1940), 238.
[99] Estos han sido discutidos pero su importancia exagerada por Sombart, *Krieg u. Kapitalismus. Luxus u. Kapitalismus*.

cado mucho más eficaz para las mercancías que la ciudad pequeña o media, y dejaron de lado al villorrio miserable. En París o en Viena, pudo hacer su aparición un simulacro de mercado capitalista local, con una demanda masiva de alimentos [100], productos domésticos, tejidos de clase media, materiales de construcción, etc. —alentado por la concentración de la riqueza que se produjo durante el período de crisis— a pesar de que ello estimuló quizás una expansión semi-artesanal (como la del negocio de construcciones) y no una verdadera industria [101].

Naturalmente, los estados absolutistas también proporcionaron el apoyo financiero, político y militar necesario para arriesgadas empresas comerciales tales como las guerras y las nuevas industrias, y actuaron como agentes para la transferencia de la riqueza acumulada, desde el campesinado y otras gentes, a los empresarios. Es posible que ello pueda haber conducido a una satisfacción más eficaz de la demanda interna aunque, como sabemos, el principal esfuerzo de los estados mercantilistas continentales se orientó hacia las exportaciones (o hacia una combinación de varios mercados internos, los del país y los captados en otros países). Pero aun en esta tarea, los empresarios de los estados no desarrollados, aun con el apoyo del estado, estaban en gran desventaja en comparación con los desarrollados, que eran quienes poseían realmente un mercado interno en crecimiento. Por lo tanto, en una parte de Europa la crisis del siglo XVIII, diferente de la de 1815-48, demostró su esterilidad económica. Al menos, las semillas sembradas entonces no germinaron hasta mucho más tarde.

En las zonas marítimas, es indudable que los mercados nacionales crecieron considerablemente. En Inglaterra al menos, tienta considerar al siglo XVII como el período decisivo en la creación del mercado nacional. En este punto podemos sostener, con alguna certeza, que

---

[100] Sobre el mercado vienés de la carne, Hassinger, "D. erste Wiener orientalische Handelskompanie 1667-83 (*Vierteljahrschr. f. Soz. & Wirtsch. Gesch.*, XXXV, I).

[101] G. des Marez, "La transformation de la ville de Bruxelles au 17e s. (*Etudes Ineédites*, 1936, 129-21).

hacia 1700 todos los sectores de la población, excepción hecha de los más remotos, eran hasta cierto punto clientes al contado de los bienes producidos fuera de su zona, y que los bienes de consumo corriente eran fabricados en zonas especializadas para la venta en escala nacional o regional. Las gigantescas dimensiones de la ciudad de Londres, por supuesto, dieron al mercado interno una gran ventaja. Ningún otro país (exceptuando a Holanda) poseía una proporción tan vasta de personas concentradas en un solo bloque urbano. El Profesor Fisher ha esclarecido el efecto de este mercado de Londres sobre la economía inglesa en general. Sin embargo, si bien el ascenso de las minas de carbón del Tyne —para citar un ejemplo— se debió casi enteramente a Londres, el de las otras tierras carboníferas que se expandieron casi tan rápidamente como aquéllas, no lo es [102]. A comienzos del siglo XVIII, si es que hemos de creer a Defoe, "hay tenderos en todas las villas, o al menos en todas las ciudades-mercados más o menos importantes" [103]; y una nación de tenderos implica una nación de clientes. Igualmente importantes, los buhoneros eran, en aquella época, vendedores al por mayor o viajantes de comercio tanto como vendedores directos al menudeo de telas y quincallería [104]. La segunda mitad del siglo XVII asistió al ascenso de algunas importantes industrias semi-industrializadas de bienes de consumo baratos. También por entonces comenzó el repentino crecimiento de zonas especializadas en la fabricación de alfarería popular: ningún alfarero aparece registrado en las listas de aprendizaje de Bristol antes de 1671. Las industrias de quincallería de las midlands también comienzan su ascenso por esta época [105]. Lo más significativo fue que aun la población rural llegó a ser, hasta cierto punto, clientela. Hacia mediados de siglo, se podía encontrar en las granjas y *cottages* de Essex loza de barro, en vez de los cacharros de estaño,

[102] J. U. Nef, *Rise of the British Coal Industry*.
[103] *The English Tradesman* (1727), 334.
[104] *Ibid.* R. B. Weterfield, *Middlemen in British Business*, 313.
[105] W. Burton, *English Earthenware and Stoneware* (1904), 7, 28, 30-2, 58; W. Puntney, *Old Bristol Potteries* (1920, Apénd. I, p. 3); W. H. Court, *op. cit.*; H. Hamilton, *The English Brass & Copper Industries to 1800*.

más durables [106]. Por cierto, durante este período el crecimiento del mercado interno excedió al de la población. Si tomamos como índice las estimaciones hechas por Harper del tonelaje de los navíos de la costa, descubrimos que el tonelaje combinado de barcos carboneros y costeros aumentó en un promedio de menos de 1.000 toneladas por año desde 1582 a 1609/15 y en un promedio de más de 1.100 toneladas por año desde entonces hasta 1660; el número de barcos costeros de Londres se triplicó entre 1628 y 1683 [107]. Similarmente, la suba de las importaciones durante este período parece ser mayor que la de las exportaciones [108]. De todos modos, vemos por qué los economistas del siglo XVII se preciaban de poseer un gran mercado doméstico para productos "medios", a diferencia de los principales estados continentales.

Además, en ciertos aspectos todos los estados marítimos pueden ser considerados como un gran mercado interno diversificado, dado que se encontraban próximos entre sí. Dentro de esta zona, el comercio internacional podía ser —y lo fue— mucho más intenso que el comercio entre cada estado marítimo y sus mercados de exportación (no coloniales) [109]. Así, el carbón inglés se vendía casi íntegramente en el mercado interno, Holanda y sus países subordinados y las colonias. Asimismo, el comercio de cerveza entre Hamburgo y las Provincias Unidas [110] puede ser virtualmente considerado como comercio dentro de un "mercado interno extendido" de este tipo.

El desarrollo de estos mercados habría de arrojar tres resultados. *Primero*, ayudarían a la desintegración de la vieja economía, convirtiendo progresivamente a los ciudadanos en compradores y ganadores de dinero al

---

[106] F. Steer, *Farm & Cottage Inventories of Mid-Essex* (1950); G. E. Fussell, *The English Rural Labourer* (1949).

[107] L. A. Harper, *The English Navigation Laws* (1939), 339; T. S. William, *The English Casting Trade 1600-1750* (1938), esp. cap. VII, pp. 203-5.

[108] E. Lipson, *Econ. Hist. of England* II, 189; Harper, *op. cit.* 343.

[109] Este problema es discutido en Liga de las Naciones, *Industrialization & Foreign Trade* (1945), 118.

[110] Nef, *op. cit*., Apéndice; D. W. Vogel, "Ueber d. Groesse d. Handelsflotten" (*Festschrift f. D. Schaefer*, 1915, 274-5).

contado, y alentando la importación creciente de alimentos y materias primas, con lo cual estimulaban al mismo tiempo el incremento de las exportaciones. (En realidad, el desarrollo de un mercado interno intensivo fue en sí mismo un signo de que la transformación social había recorrido ya un largo camino). Además, según ha demostrado Marx, el mercado interno no sólo demanda bienes de consumo sino también bienes de capital [111]. *Segundo*, proporcionó una reserva de demanda de bienes grande y bastante firme, lo cual significaba también una reserva de capacidad productiva y una base estable para una rápida expansión, como así también un amortiguador frente a los riesgos del mercado exportador. Además, los mercados marítimos internos, con sus millones de habitantes, eran mucho mayores que los mercados de las ciudades medievales más importantes. *Tercero*, este desarrollo podía, en condiciones especialmente favorables, expandirse tan rápidamente como para producir dentro de sí mismo el ímpetu necesario para revolucionar ciertas industrias. Hacia 1700, la industria minera había llegado evidentemente al borde de la revolución industrial, sobre todo por este medio. Quizás otras industrias, como la cervecera y la jabonera, se beneficiaron de la misma manera. Sin embargo, es probable que ello no fuese lo más corriente. Las perspectivas verdaderamente temerarias e ilimitadas de expansión que alentaron y, en realidad, empujaron la revolución técnica, se lograron probablemente más fácilmente en los mercados de exportación, aunque es dudoso que ningún país que no poseyera un mercado interno desarrollado haya podido, en los siglos XVII y XVIII estar en situación de aprovechar las oportunidades de exportación. Por lo tanto, debemos considerar las perspectivas de la exportación.

## Mercados coloniales y de exportación

El mayor logro de la crisis del siglo XVII fue la creación de una nueva forma de colonialismo. Como hemos

[111] *Capital* I (ed. 1938), 772.

visto, bajo el sistema colonial del siglo XVI —que los holandeses adoptaron sin modificarlo sustancialmente— el mercado colonial para las manufacturas internas tenía escasa importancia, pese a que una gran empresa colonial o el Estado, considerado como empleador y como comprador de bienes de capital y de bienes de consumo, estimulaba la economía interna al mismo tiempo que producía beneficios para la acumulación. Entre 1660 y 1681, se dice que el tráfico de las Indias Orientales alcanzó sólo a la doceava parte del tráfico total holandés [112]. Los comerciantes parecían demostrar escaso entusiasmo por la demanda del consumidor de Latinoamérica [113]. Sin embargo, las posibilidades de los mercados coloniales se transformaron con el establecimiento de las plantaciones coloniales que producían sin una sistemática restricción del producto total y de las colonias europeas de contrato. También en este caso la mitad del siglo XVII marca un punto crucial [114]. De todos modos, una información cuantitativa como la que poseemos acerca del tráfico de esclavos, demuestra cuánto más reducidas fueron las importaciones antes de la Restauración que en la época dorada del comercio en el siglo XVIII. Reuniendo la información de que disponemos [115], podemos estimar la importación promedio anual de esclavos activos en América durante la década de 1640-1650 —el punto más alto de la producción azucarera de Brasil— como del orden de los 10.000 (entre 1730 y 1780 fue del orden de los 50 a 100.000). Por entonces, la Compañía Británica de África se había reconstituido y dos compañías francesas, la de Senegal y la de Guinea, se habían fundado específicamente para el comercio de esclavos, en 1673 y 1685. La escena estaba lista para que se produjera el gran "boom" colonial.

---

112 Lannoy & Linden, *Hist. de l'expantion coloniale*: Néerlande & Danemark (1911), 334; I. J. Brugmans, "D. cost-Ind. Compagnie..." (*Lijdschr. v. Gesch.*, LXI, 225-31).

113 Savary, "Le Parfait Négociant" (1675), II, 78.

114 Cf. las fechas del comienzo de las plantaciones de azúcar y exportaciones en las Indias occidentales en *Past and Present* V, nota 15; cf. también W. Borah, "New Spain's Century of Depression" (*Ibero-Americana* 35, 1951), un estudio muy sugestivo.

115 Este pasaje está apoyado por las siguientes autoridades, y los cálculos derivados de ellas. No hay espacio para discutir los métodos de llegar a las estimaciones; V. Lippman, *op. cit.*; los materiales en

Los nuevos tipos de colonia eran, hasta cierto punto, "mercados a captar", que dependían de las reservas internas. La mitad de las ganancias del colono, se calculó, regresaba a las Indias Orientales en forma de mercaderías [116]: clavos, efectos de hierro y de talabartería, diversos tejidos ordinarios, ladrillos para lastre, potes para miel, es decir, precisamente la clase de mercadería apropiada para alentar al futuro y quizás progresista agricultor industrial [117]. El creciente abastecimiento de clavos dio lugar a una creciente demanda de bienes de África —que era siempre mercado para las exportaciones europeas—; el creciente abastecimiento de productos de plantación cada vez más baratos, como el azúcar o el tabaco, una mayor demanda de los productos europeos en las plantaciones y en otros lugares. El control político ejercido por las potencias europeas les permitió rivalizar con cualquier competidor indeseable proveniente de las colonias, como así también robar a sus desdichados nativos con notable eficacia. Esta fue, en gran medida, la clase de expansión que necesitaban las manufacturas, pese a que el mercado expansivo en sí estaba condenado a fluctuar junto con los caprichos de la guerra y la política, para no hablar de las dificultades económicas. En realidad, según sostenía Marx, en estas primeras etapas se apoyaron fundamentalmente en esto [118]. Hacia 1700, algo así como el 20 % de las exportaciones inglesas deben haber derivado hacia áreas que pueden ser descriptas como coloniales (incluyendo las colonias de otros Estados) [119]. En 1759-60 y 1770,

---

N. Derr, *op. cit.*, (I, 123-4, 132-3, II, 266, 278-9); U. B. Philips, *American Negro Slavery* (1918), 18; E. Donnan, *The Slave Trade to America* (1920) I, 17 —yo no puedo aceptar su estimación—; G. Freyre, *The Master and The Slaves* (1946) 436 n.; C. R. Boxer, *Salvador de Sa* (1952) 225 n.; Calogeras-Martin, *History of Brazil* (1939), 27; Waetjen, "D. Negerhandel en Westindien u. Suedamerika" (*Hans. Gesch. Blaetter* 1913, 417 ff); J. Saintoyant, *Les colonies françaises sous l'ancien régime* I, 252; Macpherson's Annals of Commerce; E. Williams, *Capitalism & Slavery* (1945).

116 Oldmixon, *The British Empire in America* (1708), II, 163.
117 Wadsworth & Mann, *op. cit.*, 72th Enjalbert, *loc. cit.* La demanda de las colonias de contrato (settlement colonies) como Nueva Inglaterra serían aún mejores.
118 *Capital* I (ed., 1938) 775, 778-9.
119 De las cifras de "An essay Towards finding the Ballance of our

más de un tercio fue sólo a las colonias británicas, sin contar las exportaciones directas a las colonias españolas y portuguesas. Además, a juzgar por las estadísticas de 1784, cuando las exportaciones comenzaron por primera vez a distinguirse de las re-exportaciones, las colonias fueron aun mejores clientes que lo que estas cifras parecen sugerir. La mitad de las exportaciones inglesas de entonces iban hacia ellas (incluidos los recientemente emancipados Estados Unidos). La importancia del mercado colonial para las exportaciones de piezas de algodón es aun más llamativa. Hasta 1770 —es decir, durante el período crucial que preparó la revolución industrial— nunca este mercado (incluyendo a Irlanda) absorbió menos de un 90 % de aquéllas [120].

Sin embargo, al igual que las nuevas economías de tipo servil, las nuevas economías coloniales no eran capaces de una expansión permanente, y por las mismas razones: su uso de la tierra y de la mano de obra era esencialmente extensivo e ineficaz. Además, el abastecimiento de esclavos (que por lo general no se reproducían en forma suficiente) no podía ser incrementado con bastante rapidez, según se deduce de la tendencia velozmente ascendente de los precios de los esclavos. De allí entonces que el agotamiento del suelo, la ineficacia de la administración y las dificultades con la mano de obra llevasen hacia algo así como una "crisis de la economía colonial", a partir de la década de 1750 [121]. Este hecho se expresó de diversas maneras: por ejemplo, un sentimiento antiesclavista y las tendencias hacia la autonomía gubernamental de las oligarquías locales de colonos blancos, que se desarrollaron rápidamente durante el último tercio del siglo XVIII en América Latina, en las Indias Occidentales, Norteamérica e Irlanda y contribuyeron al desarrollo de la revolución en Europa Occidental. No obstante, no podemos discutir aquí

---

whole Trade", en G. N. Clark, *Guide to English Commercial Statistics 1609-1782* (1938); L. A. Harper, *op. cit.*, 266; sir C. Davenant, Works II, 17, V, 356, 403.

[120] Macpherson, *op. cit.*, vol. IV; Wadsworth & Mann, *op. cit.*, 140-7.

[121] Bien discutido en L. Dermigny, "Saint Domingue au 17e & 18e s. (*Rev. Hist.*, 1950, Nº 204, p. 237-8).

las dificultades del nuevo colonialismo. Bástenos con recordar que su adopción proporcionó a las economías "avanzadas" varias valiosas décadas de vertiginosa expansión económica, de las cuales extrajeron inestimables beneficios.

Ninguno de estos desarrollos fue totalmente nuevo, pese a que todos fueron apresurados por la crisis del siglo XVII. El absolutismo y sus grandes ciudades capitales del continente también se vieron favorecidos por ella. El triunfo de la Revolución Inglesa apresuró la transformación social de Inglaterra y, por lo tanto, la formación de un activo mercado interno. Finalmente, el nuevo colonialismo se desarrolló allí donde el antiguo era imposible o ya no resultaba beneficioso, y también en los casos en que los antiguos colonialistas eran ya demasiado débiles para enfrentar a los intrusos, aunque fuesen aún lo suficientemente fuertes como para impedirles apoderarse del metálico y las especias. Por otra parte, ninguno de ellos fue resultado de una planificación. Brasil había llegado a ser una colonia de plantaciones mientras que Portugal tenía otros intereses, y como resultado floreció ampliamente, resistiendo las tentativas de los holandeses de separarlo de Portugal [122]. Por otra parte, los holandeses conservaban toda la anticuada aversión a la expansión de la producción y el descenso de los precios, según lo demuestra su actitud hacia la producción de azúcar —y en menor medida hacia la de café— en su imperio y hacia el establecimiento de colonias de ultramar [123]. Los brasileños pusieron los ojos sobre el oro y los diamantes, tan pronto como los descubrieron en su territorio, hacia fines de siglo. En cierto sentido, por lo tanto, las "nuevas" economías progresistas se establecieron a causa de la parcial ruina de las antiguas, originadas por la crisis del siglo XVII.

En este artículo se ha tratado de demostrar dos cosas: primero, que la crisis del siglo XVII proporcionó

---

[122] J. L. De Azevedo, *Epocas da Portugal Economico* (1929); C. R. Boxer, *op. cit.*; G. Freyre, *op. cit.*, 253, una interesante discusión de 1573 por la superioridad de la economía de plantación.

[123] Lannoy & Linden, *op. cit.*, 264 ff., 360; A. N. Coombes, *Evolution of Sugar Cane Culture in Mauritius* (1937).

su propia solución y segundo, que lo hizo de manera indirecta. De no haber sido por la existencia de países capaces de adoptar entusiastamente los nuevos —y según se comprobó después, revolucionarios y económicamente progresistas— sistemas económicos, esta crisis podría haber conducido a un estancamiento o regresión mucho mayores que los que se produjeron. Pero de todas las economías, la más "moderna", la que más entusiastamente subordinó la política al empresario capitalista, fue Inglaterra, el país de la primera "revolución burguesa" completa. De allí que, en cierto sentido, la historia económica del mundo moderno desde mediados del siglo XVII haya dependido de la de Inglaterra, que comenzó el período de crisis —digamos en la década de 1610-20— como una potencia dinámica pero menor y lo terminó en la década de 1710-20 como una de las potencias dueñas del mundo. Por lo tanto, la revolución inglesa, con todos sus resultados de largo alcance, es —en el verdadero sentido— el producto más decisivo de la crisis del siglo XVII.

He aquí, entonces, algunas sugerencias acerca del desarrollo económico de Europa en un período crucial pero que permanece aun sorprendentemente oscuro. Quizás no resistan a la crítica. Sin embargo, es de esperar que servirán para estimular la realización de nuevos trabajos sobre los orígenes del capitalismo moderno.

# UNA OBSERVACIÓN SOBRE LA HISTORIA DE LOS PRECIOS

Hemos apartado deliberadamente de la discusión principal los movimientos de precios a largo plazo, debido a que otros exámenes del desarrollo económico a largo plazo los han destacado mucho, quizás demasiado. Sin embargo, la *historia de los precios* exige algún comentario.

El punto de vista tradicional, propuesto por Simiand y aceptado por Labrousse y otros, es que la prolongada alza de los precios llegó a su fin alrededor de 1640 y fue seguida por una caída, o por fluctuaciones alrededor de una tendencia estable, hasta el segundo cuarto del siglo XVIII. Este enfoque parece demasiado simple. Existen indicios de un cambio en la tendencia general de los precios entre 1605 y 1620, por ejemplo, en los precios españoles del trigo. Cipolla observó también que los precios milaneses cesaron de subir rápidamente después de 1605 y se mantuvieron invariables o subieron lentamente desde entonces hasta 1630. (*Mouvements monétaires dans l'état de Milan, 1580-1700*, 1952). Ello era de esperar, dado que Hamilton demuestra que la importación de metálico americano llegó a su punto culminante en 1590-1600, aunque se mantuvo bastante estable hasta 1620 más o menos (*American Treasure*, 35). El hecho de que los precios siguieran subiendo hasta 1640 (o hasta 1635, que parece haber sido el momento crucial en Italia), ello se debió probablemente al envilecimiento de la acuñación, a la demanda de bienes escasos, en la Guerra de los Treinta Años, o a una combinación de ambos factores. Por ello, es probable que, de no haber sido por la guerra, el período de baja de precios o de estabilidad hubiese comenzado en 1610-20. El fin de la guerra intensificó la crisis, que sin duda llegó a su fase más aguda (y al punto más bajo de los precios) en la década de 1660-70 y comienzos de la siguiente. Los efectos de la drástica deflación de posguerra pueden apreciarse muy bien en el país típicamente beneficiario de la guerra, Suiza, donde esta deflación llevó a la guerra campesina de 1653.

Naturalmente, la *historia de los precios* difiere según las regiones y las mercaderías, y algunos de los fenómenos locales son todavía oscuros. No intentaremos tratarlos aquí. Podemos afirmar, sin embargo, que los movimientos seculares de precios se ajustan en general a los períodos de la crisis según se los discute en el texto.

SEGUNDO

# EL SIGLO XVII EN EL DESARROLLO DEL CAPITALISMO

Hoy corrientemente se acepta que, a lo largo de varias décadas del siglo XVII, existió un período de gran recesión económica y social, de crisis y reajuste secular, que contrasta singularmente con los períodos de expansión económica que lo precedieron y lo siguieron. Sus efectos no estuvieron limitados a ningún país en particular, sino que, con unas pocas excepciones marginales, pueden ser rastreados a través de toda la extensión del área económica dominada por y desde Europa Occidental, desde las Américas a los Mares de la China; tampoco se limitaron esos efectos al campo económico.

El estallido simultáneo de revoluciones o de conatos de revolución, al promediar el siglo XVII, en Inglaterra, Francia, el Imperio Español y Ucrania, ha sido relacionado *plausiblemente* con dicha crisis [1]. En el presente trabajo quiero considerar el lugar que ocupa la crisis del siglo XVII en la historia del desarrollo capitalista, y especialmente en la génesis de la revolución industrial. Esto implica que la crisis del siglo XVII, fue producida por las contradicciones internas de la economía en que se dio, y no por factores totalmente exteriores a ésta. No tengo aquí espacio para discutir esta cuestión en detalle, pero creo que es posible des-

[1] Véase, como el más conveniente resumen de la evidencia de una "crisis del siglo XVII", E. J. Hobsbawm, "The General Crisis of the European Economy in the Seventteenth Century" (*Past & Present*, 4 y 5, 1954-5). [Artículo incluido en este volumen con el título de "La crisis general de la economía europea en el siglo XVII", N. del E.] Para las relaciones posibles entre las crisis y las revoluciones, "Seventeenth Century Revolutions" (*Past & Present*, 13, 1958), y H. R. Trevor Roper, "The General Crisis of the Seventeenth Century" (*Past & Present*, 16, 1959).

cartar, breve pero concluyentemente, las dos principales explicaciones "exteriores", que han sido sugeridas para la crisis. En primer lugar, no puede ser atribuida a cambios climáticos seculares. La sugerencia ha sido investigada específicamente y rechazada [2]. En segundo término, no puede ser atribuida a los efectos de la Guerra de los Treinta Años, aunque nadie querría subestimarlos. En efecto, es tentador responsabilizar a la Guerra de los Treinta Años por la crisis, aunque más no fuera porque su comienzo y su terminación coinciden con el gran colapso en el comercio Báltico (la "baja de la década de 1620") que inicia la crisis, y con el período agudo de revoluciones europeas, respectivamente [3]. De todos modos, A) por lo menos un importante componente de la crisis, el colapso de la economía imperial española en América, comienza claramente un poco antes de la Guerra de los Treinta Años e independientemente de ella; y B) síntomas de la crisis pueden ser fácilmente advertidos en áreas no afectadas por la guerra. Es por lo tanto legítimo afirmar que las guerras salvo quizás, en el plano político, antes que causa de la crisis, son un factor que complica la crisis.

También podemos tratar brevemente otras dos objeciones al análisis siguiente antes de continuar. Se ha argumentado que este análisis presta muy poca atención a factores monetarios, crédito, movimiento de nivel de precios y otras cuestiones que, como lo ha demostrado simplemente la experiencia, afectan a las decisiones en los negocios [4]. Sin discutir el problema en detalle, creo que es razonable y en acuerdo con la tendencia general de la teoría económica acerca de estos temas considerar a tales factores como secundarios y

---

[2] El Le Roy Ladurie, "Histoire et Climat" (*Annales*, Janvier-Mars 1959) 31: "Inversement, la crise du xvii$^e$ siècle, parfois présentée comme l'incidence humaine et historique du 'petit âge glaçaire' atteint en fait ses paroxysmes dans des périodes de rémission climatique."

[3] Si, como es legítimo, incluimos las guerras de la década de 1650 en la era de guerra continua que abarca desde aproximadamente 1620 a 1660, la coincidencia es aún más llamativa.

[4] Véase F. Mauro, "Sur la crise du xvii$^e$ siècle" (*Annales*, 1, 1959) 181-5, una reseña de E. J. Hobsbawm, *loc. cit.* El autor de la reseña, quizás no injustamente, atribuye mis sospechas acerca de explicaciones monetarias, etc., a un "préjugé marxiste".

no como primarios en el análisis a largo plazo del desarrollo económico, sin negar en sentido alguno su considerable importancia a corto plazo. De cualquier modo, el análisis general aquí intentado puede incluir muy fácilmente un efecto autónomo de los factores monetarios (por ej. la afluencia del tesoro americano, o la disponibilidad de medios de pago adecuados) mucho mayor que el considerado específicamente aquí. Se puede alegar también que no se contemplan movimientos autónomos de población en el estudio de un período en el que tuvo lugar una baja, o por lo menos un muy considerable retraso en el crecimiento de la población con consecuencias económicas de importancia. En esto, otra vez, parece tanto más provechoso, como también más de acuerdo con la tendencia actual de las investigaciones, el considerar a la población no como una variable autónoma, sino como variable dependiente respecto de los movimientos generales de la economía que la enmarca. Si bien el siglo XVII se caracterizó por epidemias muy difundidas, se puede afirmar que la capacidad de éstas para matar gente —aunque no su misma aparición—, dependió de los factores económicos y sociales que determinaban la receptividad del pueblo respecto de la infección y su capacidad para resistirla. Casi invariablemente, los pobres mueren en las epidemias con más frecuencia que los ricos.

Es por lo tanto legítimo considerar a la crisis del siglo XVII como producto del desarrollo económico previo. El problema a resolver es cómo encaja esa crisis en la evolución económica que produjo, a fines del siglo XVIII, la revolución industrial, la revolución agrícola y la revolución demográfica que han dominado desde entonces la historia del mundo, o, según la frase de la jerga corriente, "el despegue hacia el crecimiento autosostenido". Había habido crecimiento económico en épocas anteriores. En verdad, por lo menos desde el siglo X ha existido una tendencia regularmente constante en la historia de Europa a producir las condiciones para ese crecimiento. Pero se deberá conceder que en todo lugar y momento, antes de fines del siglo XVIII, tarde o temprano esa tendencia se vio enfrentada a ciertos obstáculos y barreras. La "crisis feudal" de los siglos XIV y XV y la crisis del siglo XVII son ejemplo de lo que ocurrió entonces: recesión, discontinuidad, recaídas, y en este marco, cambios y reajustes que, eventualmente, permitirían la reactivación de las tendencias al crecimiento. Pero precisamente la importancia de la crisis del siglo XVII, reside en que tras ella parecen haberse levantado definitivamente las barreras. La marcha hacia la revolución industrial ya no será interrumpida en adelante por discontinuidades seculares, por más que existan señales de ciertas dificultades de este tipo en el siglo XVIII. La economía mundial, por así decirlo, carretea a lo largo de la pista de su aeropuerto para iniciar su vuelo en la década de 1780. Desde entonces, hablando en términos generales, ha estado volando. Sus contradicciones y dificultades internas ya han sido de otro tipo.

No considero específicamente aquí el motivo por el cual la economía despegó hacia el crecimiento autosostenido. Los teorizadores, comenzando por los economistas clásicos, Marx, y los de los últimos años han analizado bajo qué condiciones ese crecimiento deviene posible o inevitable, y todo gobierno que planifica el desarrollo económico de su país actúa sobre la base de un análisis de ese tipo, aunque sólo los gobiernos socialistas lo hacen eficazmente. El problema que trato es cómo ocurrió esto en las condiciones históricas peculiares de Europa desde el siglo XVI al XIX; es decir, A) bajo condiciones en las cuales nadie planificaba ni sabía lo suficiente para planificar la industrialización; y B) cuando la fuerza dinámica principal en la economía era la empresa privada impulsada por el deseo de lograr y acumular beneficios máximos. Para la primera, y por lo tanto la más difícil, revolución industrial, la brecha inicial en la historia mundial, fue llevada a cabo por y por medio del capitalismo, y casi seguramente, en las condiciones de los siglos XVII y XVIII no se podría haber llevado a cabo a través de otros caminos, aunque hoy existan esas otras vías y sean, por cierto preferibles [5]. Por otra parte, sabemos, que el pro-

---

[5] El dejar de notar que la industrialización por medio de la empresa privada debe, por la misma naturaleza de la empresa privada, resolver los problemas técnicos de la industrialización en forma muy diferente de, p. ej., la industrialización socialista, hace a W. W. Rostow,

ceso real de nacimiento del capitalismo industrial, fue lento y sinuoso. Abarcó por lo menos ocho siglos, digamos desde el año 1000 al 1800, y fue interrumpido, por lo menos, por dos discontinuidades seculares, las crisis de los siglos XIV y XV y la del siglo XVII. Es decir, incluyó un cierto número de inicios que abortaron.

Esto era natural, pues la empresa privada era y es ciega. Sabemos que efectivamente produjo la revolución industrial, pero éste no era el objetivo de los empresarios. Tales hombres, codiciosos y ansiosos de acumular la máxima ganancia no son raros —de todos modos no lo fueron en Europa desde las Cruzadas en adelante— ni su comportamiento es muy recóndito. La empresa privada estimulará el desarrollo económico y la revolución industrial si, y sólo si, los beneficios a obtenerse de ese modo son mayores a los que se logren por otros medios. Si no lo son, no lo hará. Este hecho simple y observable ha creado graves dificultades para los analistas, aun cuando (como de costumbre con la brillante excepción de Marx), no muy frecuentemente entendieron su naturaleza. Algunos se han sentido tentados a creer en la existencia de clases especiales de empresarios con tendencias ínsitas a innovar, diferentes a las de los empresarios comunes (ésta parece haber sido la posición de Schumpeter). Otros han pensado que la industrialización se produce cuando los empresarios están unidos a un "espíritu capitalista" que produce la tendencia de acumular e innovar (el calvinismo desde Max Weber, ha sido el elemento más frecuentemente designado para cumplir ese papel). Y otros aun Rostow entre ellos, prefieren hacer depender la industrialización de la conjunción de empresarios y una

---

"The Stages of Economic Growth" totalmente inútil. (Cf. *Economic History Review*, August 1959). El fracaso de Rostow surge del hecho —raro en un campeón de la empresa privada— de negarse a enfrentar el hecho de que los empresarios se dedican a los negocios para obtener un beneficio, o, en caso contrario, quiebran. Es comprensible que los hombres de negocios gusten de pretender que sus motivos van más allá del mero hacer dinero, como también lo es que los anti-marxistas quieran despojar a Marx de todo mérito, aun del de haber demostrado incidentalmente los logros de la empresa privada en sus primeras etapas. Pero esto no contribuye ni a hacer buena Historia ni a hacer buena Economía.

"moderna actitud científica" originada por causas extrañas e inexplicables como en el caso de Rostow. Ninguna de estas explicaciones es necesaria o convincente. La posición schumpeteriana no es convincente porque la argumentación es circular (la clase "adecuada de empresario se encuentra y define siempre *ex post facto*). Por otra parte, es bastante claro que, por ej. la revolución industrial inglesa no fue hecha por empresarios especialmente innovadores, sino por empresarios que no eran ni más ni menos previsores, tecnológicamente progresistas u originales que cualquiera otros. Tampoco la posición weberiana es convincente, porque —dentro de ciertos límites históricos e institucionales— la ideología se adapta tanto a los negocios como los negocios siguen a la ideología [6]. El motivo por el cual los financistas, mercaderes y dueños de manufacturas (católicos), de Italia y Flandes en el siglo XIV no produjeron la revolución industrial, no reside en el hecho de no ser calvinistas.

Por último, la posición rostowiana no es convincente porque la verdadera revolución industrial pionera, de fines del siglo XVIII, casi no dependió de ciencia o tecnología alguna, no disponible ya en el 1500. Hablando técnicamente, consistió por sobre todo en la aplicación de unas pocas ideas empíricas simples, por cierto muy al alcance de artesanos inteligentes [7]. Esta es sin duda una afirmación un tanto exagerada pero puede mantenerse. La ciencia moderna no devino *esencialmente* para el desarrollo industrial hasta las décadas centrales del siglo XIX.

La dificultad a la que se enfrenta el investigador de-

---

[6] No pretendo negar que algunas ideologías se han mostrado más favorables para la empresa capitalista que otras —p.ej., el Calvinismo más que el Catolicismo—; o que donde el marco social y la ideología son altamente hostiles a la empresa capitalista, ciertas ideologías minoritarias puedan ser esenciales para el reclutamiento de un grupo de empresarios. No es accidental que un número desproporcionadamente alto de capitalistas en la India sean Parsis o Jainas. Pero en Europa Occidental —y especialmente en Italia y Alemania— desde los siglos XI-XII existió siempre una buena provisión de empresarios potenciales.

[7] La excepción importante a esta generalización es la máquina de vapor; pero aun ésta era una propuesta en funcionamiento, aunque, aun no muy eficientemente, ya por 1700 en Francia e Inglaterra, es decir, varias generaciones antes de la Revolución Industrial.

riva básicamente del hecho de que (como aun hoy puede ser observado en países "subdesarrollados") en economías pre-capitalistas, los mayores beneficios se obtienen muy rara vez, si es que alguna vez, en ramas de actividad que estimulen directamente el desarrollo económico. Lo que se necesita para la preparación de la revolución industrial es constante innovación tecnológica y concentración en la producción en masa, es decir, en la producción de una variedad de bienes en constante aumento, producidos en cantidades cada vez mayores, y a precios cada vez más bajos, de modo de crear y mantener su propio ritmo de expansión económica.

Lo que se necesita es la concentración de la inversión en aquellas ramas de la producción que estimulen a la manufactura en masa [8]. Por tanto, lo que se necesitaba en la actividad colonial de los siglos XVI a XVIII, no era el negocio de la pimienta, sino las plantaciones azucareras, pues el mercader de la pimienta hizo y hace su dinero, acaparando la provisión escasa de un producto muy caro y obteniendo el beneficio monopolístico en cada transacción, mientras que el dueño de las plantaciones azucareras obtiene sus ganancias produciendo cantidades cada vez mayores de azúcar a precios en disminución, y extrayendo por tanto un mayor beneficio global, de un mercado en rápido crecimiento.

Lo que se necesita por razones análogas, es una industria algodonera antes que una de la seda. En términos contemporáneos, lo que se necesita, es la técnica

---

[8] Véase Marx, *Capital*, vol. III (ed. Berlin, 1956) 365, 369: "Der Welmarkt bildet selbst die Basis dieser (d. kapitalistisehen) Produktionswerse... Sobald die Manufaktur einigermassen erstarkt, und noch mehr die grosse industrie, schafft sie sich ihrerseits den Markt, erobert ihn durch ihre Waren... Eine stets ausgedenhntere Massenproduktion ueberschwement den verhandenen Markt und arbeitet daher stets an Ausdehnung dieses Markts, an Durehbrechung seiner Schranken." ["El mercado mundial constituye de por sí la base de este régimen (capitalista) de producción... Tan pronto como la manufactura se fortalece en cierto modo, y más aun la gran industria, se crea a su vez el mercado y lo conquista con sus mercancías... Una producción cada vez más extensa de masas inunda el mercado existente y empuja, por tanto, constantemente hacia la expansión de este mercado, hacia la destrucción de sus barreras". Marx, *El Capital*, Buenos Aires, Cartago, 1956, vol. III, p. 304 y 306-7 N. del T.]

de los fabricantes de medias de nylon antes que la de Christian Dior. Pero éste es el juicio de un historiador o de un planificador. No podemos decir que como empresa, Christian Dior sea menos deseable que la fabricación de telas baratas y estandardizadas (el señor Boussac, que maneja las dos empresas, espera tener buenas ganancias en ambas). Pero bajo condiciones pre-capitalistas el tipo de empresa Christian Dior, hubiese sido casi seguramente *más* rentable, y por lo tanto la tendencia natural de la empresa privada hubiese sido la de crearlas antes que las de la clase del nylon.

Pues en esas sociedades la gran masa de población, el campesinado, está virtualmente fuera del alcance del mercado, en parte porque tiene y usa poco dinero, en parte porque vive en una economía local en gran medida autosuficiente. Los grupos de población que obtienen sus ingresos en dinero efectivo y por lo general compran mercancías con ellos —en términos generales los habitantes de las ciudades— son reducidos. Los mercados mejores son los suntuarios limitados. Las mayores acumulaciones de riqueza, están en manos de nobles o clérigos, cuya idea acerca de cómo gastarlas o invertirlas —esto último en su mayor parte en construcción o decoración— no es la más adecuada para estimular el progreso económico. El hecho de que una proporción tan grande de la población esté normalmente arraigada a la tierra, hace muy difícil el desarrollo de una manufactura moderna o generalizada, y a veces le impone límites técnicos. En pocas palabras, tenemos una situación en la cual el empresario inteligente, si tiene la posibilidad de elegir, invertirá de preferencia en finanzas o comercio de ultramar, donde se obtienen las máximas ganancias, en segundo término en la producción de bienes relativamente caros para un mercado relativamente restringido, y sólo en último caso en la producción masiva. Existirá entonces para todas las formas de empresa capitalista, una marcada tendencia a ajustarse a vivir entre lo que Marx llamó los poros de la sociedad pre-capitalista. El capital no creará entonces un modo de producción capitalista, y ciertamente tampoco producirá una revolución industrial, aunque contribuya sin duda a desintegrar los modos de producción pre-capitalistas [9].

Nos enfrentamos por lo tanto a la paradoja de que el capitalismo, sólo se puede desarrollar en una economía que ya es sustancialmente capitalista, pues en cualquiera que no lo sea, las fuerzas capitalistas tenderán a adaptarse a la economía y sociedad predominantes, y no serán entonces suficientemente revolucionarios. Pero ¿cómo entonces habrán de producirse las condiciones necesarias?

En otros términos, el verdadero problema del siglo XVII es su resultado antes que su origen. He intentado en otro lugar analizar sus causas [10] y, pese a que este análisis será sin duda impugnado en detalle, se puede afirmar que no sucederá lo mismo con su carácter general. Cualquier análisis de este tipo, tendrá que demostrar de una u otra manera cómo las barreras impuestas al desarrollo económico, por la economía pre-capitalista predominante, impidieron a la expansión económica del siglo XVI alcanzar el punto de despegue hacia el crecimiento auto-sostenido y casi seguramente también mostrará cómo el mismo proceso de expansión económica bajo esas condiciones produjo las contradicciones que generaron la crisis subsiguiente [11].

Entonces podemos señalar las contradicciones en el comercio Este-Oeste. La expansión económica de un sector urbanizado en Europa Occidental fue conseguida en parte mediante la conversión de grandes áreas de

---

[9] Marx, que advirtió claramente este efecto y lo discute con amplitud, supuso que se aplicaba sólo al capital mercantil y financiero. Me inclino a creer que se aplica más generalmente a todo capital, incluyendo al industrial, en las economías pre-capitalistas, por lo menos hasta que el sector capitalista o potencialmente capitalista de la economía haya alcanzado una cierta dimensión crítica.

[10] E. J. Hobsbawm, *loc. cit.*

[11] En este sentido las críticas de Mauro a la afirmación de que "la structure 'féodal' de la société a géné'le développment capitaliste, l'a maintenu à l'interieur de certaines limites", me parece equivocada (*Annales, loc. cit.*). Está claro que una economía o una sociedad "feudales" (o como quiera llamárselas) es compatible con un cierto grado de desarrollo capitalista, y puede, en ciertos casos, incluso facilitarlo. Pero el problema no es por qué Jaco Fugger se parecía tanto a un potentado del siglo XIX en sus negocios, sino por qué, finalmente, la Alemania del siglo XVI se parecía económicamente tan poco a la Inglaterra de mediados del siglo XIX.

Europa Oriental en una colonia del Oeste, productora de alimentos y materias primas [12]. Pero esto se consiguió convirtiendo a Europa Oriental en una economía servil, dominada por terratenientes, cuya política —comercio libre, desindustrialización, explotación creciente del campesinado y sacrificios por parte de las clases urbanas— eventualmente eliminó en el Este tanto el mercado real como el potencial para los bienes occidentales.

Pero el comercio Báltico era el principal en la Europa Septentrional. Y así el colapso del mercado del Báltico en la década de 1620, inició el período principal de crisis general. Además, la expansión de una vasta economía de dominios serviles en el Este de Polonia, produjo las tensiones sociales que llevaron a la revolución ucraniano-cosaca.

Nuevamente, podemos rastrear las contradicciones y deficiencias en el sistema colonial del siglo XVI. Así, la expansión española y portuguesa, basada sobre el robo y el monopolio, no pudo estimular las exportaciones europeas en un nivel equivalente al aflujo del metal y bienes importados, aumentando probablemente así la inflación europea y ciertamente haciendo la balanza comercial de Europa con el mundo exterior aun más negativa de lo que siempre fue. Además una vez que el proceso inicial de *saqueo*, fue completado, aun el aflujo de riqueza a Europa cesó o fue anulado por los altos costos. A comienzos del siglo XVII, el Imperio Español habiendo eliminado virtualmente a todos los americanos, recayó en un amplio feudalismo agrario [13]. O, de modo más general, podemos seguir el efecto de una rápida expansión económica (que incluye un aumento de población) en el marco de una economía que no produjo al mismo tiempo, el correspondiente aumento en la productividad agrícola. Es muy cierto que el

---

[12] Véanse los trabajos de los historiadores polacos acerca de este punto, en especial los del Prof. M. Malowist, p. ej. en *Economic History Review*, December 1959, y *Past & Present*, 13, April, 1958.

[13] Véanse Woodrow Borah, *New Spain's Century of Depression* (Berkeley, 1954) para la despoblación; H. y P. Chaunu, *Seville et l'Atlantique*, VII (1957) para la baja del comercio tras 1610; F. Chevalier, *La formation des grandes domaines au Mexique* (1952) para la recaída en el agrarismo.

aumento en la producción agrícola de todas las fuentes no se mantuvo al nivel del aumento de la demanda, o de la producción industrial, como atestiguan las diferencias entre los precios industriales y los precios agrícolas, a fines del siglo XVI. Tendió a aparecer entonces una situación malthusiana, y los horrores demográficos del siglo XVII, con sus consecuencias económicas, ya se preparaban. Podemos observar su cercanía, por ej. en un área como Holstein, que pasa de ser exportadora de alimentos, a ser importadora de ellos hacia fines del siglo XVI, y esto en el momento en que las áreas importadoras debían obtener sus alimentos de cada vez más lejanos y numerosos proveedores. Podemos ver su efecto en una aldea inglesa en el primer tercio del siglo XVII, al aparecer un estrato permanente de pobres hacinados en un asentamiento estable dentro de la aldea, hasta que el aumento en la población deja paso, entre epidemias y enfermedades, al estancamiento demográfico [14]. Cualquier investigador podría rastrear otras, y quizás igualmente significativas, autocontradicciones en la expansión económica del siglo XVI.

Sin embargo, si bien es probable que, los orígenes de la crisis del siglo XVII aparezcan claramente en la investigación, sus resultados son mucho más difíciles de analizar. ¿Por qué finalmente, esta discontinuidad produjo condiciones que se revelaron como satisfactorias para el crecimiento subsiguiente, y no como parte de otro círculo vicioso? Aquí creo, debemos considerar no sólo la desintegración gradualmente creciente de las sociedades pre-capitalistas en Europa, sino también tres características fundamentales de nuestro desarrollo: 1) las crisis tendieron a debilitar más a las empresas de tipo "feudal" que a las progresistas; 2) la economía europea y sus colonias formaban una entidad única; 3) la revolución burguesa.

---

[14] Véase W. Hoskins, *The Midland Peasant* (1957). También Phelps Brown y Hopkins en *Economica*, XXIV (1957), 289. Los verdaderamente aterradores estragos demográficos del siglo están bien indicados por un ejemplo de un área pacífica. Entre 1660 y 1695 la población del valle de Essonnes (al sur de París) parece haber descendido en términos absolutos un 25 %. Véase M. Fontenay, "Paysans et Marchands Ruraux" en *Paris et Ile de France*, IX, 1957-8.

El primer fenómeno es bastante simple. No todos los empresarios pueden dedicarse a los negocios más rentables, que (como hemos visto) era probable que fuesen los menos revolucionarios. Los que no pueden decidirse por la primera opción, lo harán por la segunda o la tercera. Y si una crisis golpea la primera opción, la segunda y la tercera —que es probable sean las menos afectadas por ella— pueden encontrarse ascendiendo al primer lugar y revelando sus potencialidades económicas. Entonces la declinación de las caras "old draperies" [telas finas de lana corta] (N. del T.) —víctimas del colapso del tráfico del Báltico— pudo revelar por cierto, las ventajas de las más baratas "new draperies" [telas de lana más burda y más larga] (N. del T.), que eran capaces no sólo de conquistar nuevos mercados, sino también de mantener y expandir su posición en los viejos. Por otra parte, en el siglo XVI cualquiera que quisiera obtener beneficios en América iba directamente en busca de Eldorado. Sólo cuando el oro y la plata eran difíciles de encontrar o ya estaban monopolizados por otros, los aventureros se contentaban en actividades como la de plantar caña en el nordeste de Brasil. Pero estas empresas, inicialmente modestas, resultaron ser excelentes inversiones. Además, resultaron ser inmensamente estimulantes para la economía en general, en tanto dependían de una expansión constante y autogenerada de los mercados en todas partes: más azúcar vendida a más bajos precios, más venta en Europa; más bienes europeos vendidos en las colonias, más esclavos necesitados en las plantaciones, más bienes con los cuales comprar esclavos, y así sigue el circuito. Así es poco sorprendente que el nuevo sistema colonial que aparece a mediados del siglo XVII haya llegado a ser uno de los elementos centrales e inclusive puede afirmarse que es el elemento decisivo en la preparación de la revolución industrial. Pero —y éste es el punto importante— el nuevo sistema colonial sólo emergió totalmente en aquellos países que no tuvieron acceso al viejo sistema, y tras el colapso de éste, es decir, desde mediados del siglo XVII. Los holandeses que se apoderaron del sistema portugués en el Océano Índico, retuvieron los métodos no progresistas de explotación colonial de éste, hasta bien entrado el siglo XVIII.

De haber tenido los ingleses tanto éxito como los holandeses, no se puede dudar, de que habrían hecho mucho menos para desarrollar sus métodos de explotación colonial, que se revelaron como mucho más útiles para nuestra subsiguiente industrialización.

El segundo fenómeno es más complejo [15]. En pocas palabras el desarrollo del capitalismo moderno no puede ser entendido en función de una sola economía nacional, o de las historias económicas nacionales tomadas por separado, sino sólo en función de una economía internacional (esto es por supuesto, lo que Marx quería decir, al enfatizar el "mercado mundial"). En líneas generales, la captación de todo este mercado mundial —o de la mayor parte de él— por una única economía nacional o industria puede producir la perspectiva de una expansión rápida y virtualmente ilimitada, que la modesta y restringida manufactura de este período no podía conseguir por sí misma, y hacer posible entonces, que este modesto sector capitalista pase más allá de sus limitaciones pre-capitalistas. En otros términos, probablemente no había lugar en ese período en la economía europea (incluyendo a sus colonias) para la industrialización inicial de más de un país. O, por formularlo inversamente, una amplia y simultánea expansión económica en todas las áreas avanzadas de Europa habría probablemente retrasado la preparación de la revolución industrial [16].

Ahora bien, la crisis del siglo XVII ciertamente facilitó una concentración tal de recursos, aunque más no sea por haber eliminado de la competición económica a algunas áreas que habían sido antes dinámicas y ade-

---

[15] Éste ha sido examinado más en detalle últimamente por K. Berrill en un trabajo a aparecer en la *Economic History Review*.
[16] El problema es discutido con mayor extensión en E. J. Hobsbawm, *loc. cit.* pero la argumentación puede resumirse con palabras de Berrill: "El punto capital de la discusión... es que la circunstancia más vital de una revolución industrial era la condición del mercado en el área comercial, y ésta sólo maduraba lentamente antes de 1780: Sólo lentamente se expandió el poder adquisitivo junto con la población, el ingreso *per capita*, los costos de transporte y los frenos al tráfico mercantil. Pero el mercado se expandía y el problema vital era cuándo un productor de algunos bienes de consumo masivo iba a apoderarse de una parte suficiente de ese mercado como para permitir una rápida y continua expansión de su producción."

lantadas —por ej. Italia y una gran parte de la Europa Central— dejando, en efecto, sólo a los holandeses, a los ingleses y posiblemente, a los franceses en la carrera (y de estos como veremos los feudal-absolutistas franceses no eran capaces de competir efectivamente, y los holandeses no querían usar su extraordinaria posición monopolística con el objetivo de adelantar la revolución industrial). Pero la crisis hizo más. Dondequiera que miremos, observamos que concentra las fuerzas económicas: la riqueza y poder económico en grandes terratenientes, los más capaces para acumular y asegurar (en plantaciones y dominios serviles), el máximo de excedente agrícola exportable desde los países coloniales; mercados en grandes ciudades capitales, y así en tantos otros terrenos [17], por ej. a lo largo de ese siglo, mientras la población de Inglaterra aumentaba mucho menos que en los siglos XVI o XVIII. Londres duplicó su tamaño, y por lo tanto aumentó grandemente su proporción respecto de la población británica y del mercado interno. En esta tendencia a la concentración, la crisis del siglo XVII parece diferir marcadamente de la crisis del siglo XIV que llevó, por el contrario, a la dispersión económica —por ej. la quiebra de los grandes dominios agrícolas del Oeste, y de las grandes concentraciones industriales en Italia y Flandes—. Por tanto, considerando la economía europea como un todo —y esto debe incluir tanto las colonias de Europa Oriental como las de ultramar— la crisis del siglo XVII no llevó tanto a una regresión temporaria general, como a un cambio económico muy rápido. Al declinar las "old draperies" inglesas, surgieron las "new draperies"; el patrón del comercio báltico del siglo XVI fue reemplazado, tras algunas décadas, por un patrón algo diferente tanto geográfica como comercialmente; y el viejo modelo español de colonialismo dio paso a un modelo mucho más efectivo franco-anglo-holandés. Es verdad que algunas de estas soluciones fueron sólo temporarias. Al promediar el siglo XVIII, la economía servil de los nuevos magnates del Este de Europa y la economía de plantación de los plantadores americanos y de las

---

[17] Véase E. J. Hobsbawm, *loc. cit.*, para un examen detallado de este complejo proceso.

Indias Occidentales, estaban claramente acercándose al límite de sus potencialidades. Sin embargo, ayudaron para posibilitar al amplio, y como vimos crecientemente concentrado "sector capitalista" de la economía europea, a mantener su crecimiento, y a pasar directamente del período de crisis a una era de expansión extremadamente rápida y dinámica, especialmente en Inglaterra entre 1660 y 1700.

Pero esto no fue accidental. Pues si bien la crisis produjo las condiciones para una concentración económica que pudiera ser usada para hacer avanzar el desarrollo industrial, no garantizó necesariamente ese desarrollo. Esto es probado por los holandeses que fueron los principales beneficiarios iniciales de esa concentración. Como sabemos, nunca llegaron a ser los pioneros de la economía industrial; de hecho paradójicamente, los mucho menos florecientes Países Bajos Españoles (Bélgica) y Lieja llegarían a ser después de Inglaterra, la primera economía industrializada. Eso se dio porque Holanda —especie de Venecia o Augsburgo, amplificada a escala seminacional— fue el único de entre todos los centros del viejo estilo "medieval" de negocios, capaz de continuar su tráfico a la manera antigua y no progresista, y al hacer uso tendía cada vez más a sacrificar los intereses de su manufactura en beneficio de los de su comercio y finanzas. Si las únicas economías capitalistas existentes en el siglo xvii hubiesen sido del tipo holandés, se podría dudar acerca de si el subsiguiente desarrollo del industrialismo habría sido tan rápido o tan grande. Se necesitaba un tipo *distinto* de economía capitalista "moderna" para utilizar las potencialidades económicas del siglo xvii. Pero de hecho, a lo largo del siglo, apareció una economía tal: la inglesa.

Si eso fue resultado de una revolución burguesa, es una cuestión a discutir. No entro aquí en esta discusión de nomenclatura. Pero difícilmente pueda negarse que en algún momento en el transcurso del siglo xvii —digamos entre 1620 y 1670— Inglaterra se transformó de una economía dinámica e interesante, pero secundaria, en una economía que pareció ser capaz de iniciar y conducir la revolución económica del mundo, lo que por cierto hizo. La transformación fue tan rápida, que para la década de 1690, Inglaterra parecía efectivamente en el umbral de la revolución industrial.

En todo caso, los estudiosos se han mostrado perplejos ante el hecho de que la revolución industrial no haya emergido de la década de 1690 sino que se retrasara hasta 1780. Además, esta transformación en la posición mundial de la economía británica no se debió solamente a desarrollos económicos espontáneos internos a ella, sino también a una importante revolución en su política que subordinó en adelante todos los otros fines a un mercantilismo agresivo tendiente a la acumulación de capital y beneficios. Por otra parte, quienquiera que efectivamente haya constituido la clase dominante en la Inglaterra post-revolucionaria, está claro que esta política difería por lo menos en un aspecto crucial de la de los holandeses: en casos de conflictos los intereses del sector *manufacturero* prevalecían normalmente sobre los del sector comercial y financiero. A pesar del llamado de Davenant para imitar a los librecambistas holandeses en "consumir en el país lo que es barato o viene barato y llevar al exterior lo que es rico y rendirá más dinero"[18] la lucha aguda entre los industriales nacionales y la East India Company fue ganada sin ambigüedad por los intereses manufactureros en 1700; una victoria tan importante como la del Norte sobre el Sur (es decir, la de los intereses de la tarifa alta sobre los de la tarifa baja), iba a ser para la industrialización de los Estados Unidos.

Finalmente, se puede afirmar con seguridad que la adopción total y completa de una política tal era imposible antes de la revolución. Esto era así no porque no se la hubiera defendido antes por razones técnicas, o aun anticipado, o porque la riqueza que produjese, no iba a ser reconocido como útil por el antiguo régimen de Jacobo o de Carlos, sino porque ese antiguo régimen era incapaz de aplicarla efectivamente; y lo mismo ocurriría con todos los antiguos regímenes del siglo XVII, lo intentasen o no, salvo el caso de los regímenes burgueses como el de Holanda [19].

---

18 *Works* (ed. 1771) I, 102-3.
19 H. R. Trevor-Roper, *loc. cit.*, intenta demostrar que las revoluciones del siglo XVII eran innecesarias para la adopción de las desea-

Lo llamativo en las monarquías absolutas reformadas, sobre las cuales basa Trevor-Roper su esquema, no es el que hayan producido estrategas económicos destacados, inteligentes y con frecuencia singularmente capaces y perspicaces, sino el hecho que tales estrategas no prevalecieron. Lo importante en la Francia de fines del siglo XVII no es el colbertismo sino su relativo fracaso, no la reforma de la monarquía sino su fracaso, a pesar de los muchos mayores recursos que poseía para competir con sus rivales marítimos en lo económico —y, por lo tanto, finalmente en lo militar— y su consecuente derrota a manos de esos rivales [20].

Para los objetivos de esta discusión no es importante dejar sentado el nombre de esta nueva política, o el discutir en detalle cómo se estableció, en términos de política o ideología, más allá de determinar lo que es de cualquier modo obvio, es decir, que se instauró durante el período de la crisis, y muy obviamente, en algún tipo de relación con las Revoluciones Inglesas. Lo importante es que una economía tal, y una tal política estatal "burguesa" no surgieron en ninguna parte fuera de Inglaterra, y que su aparición cambió radicalmente el desarrolo mundial subsiguiente, pues aseguró que los recursos concertados por la crisis iban a ser crecientemente absorbidos por y subordinados a una sola economía nacional de dimensiones adecuadas, que era probable fuese a utilizarlos de modo progresista [21].

No ha sido mi propósito el afirmar que de no ser por la crisis del siglo XVII, el capitalismo industrial no se hubiese desarrollado. Si consideráramos una visión de conjunto del período que va, digamos, del año 1000 al 1800, es razonable suponer que las fuerzas que trabajaban por la desintegración de la economía feudal y

---

das políticas económicas. Pero gran parte de su artículo está dedicado a demostrar la incapacidad de los antiguos regímenes para adoptarlas.

20 Véase R. Mousnier, "Evolution des Finances Publiques en France et Angleterre" (*Revue Historique*, 1951).

21 Concedemos que en y a través de una especie de simbiosis hostil con Holanda, pero desde el punto de vista del desarrollo subsiguiente lo importante es que los ingleses llegaron pronto a ser el poder dominante en esta asociación, y entonces los recursos holandeses fueron movilizados ampliamente para el crecimiento económico por y a través de Inglaterra.

el crecimiento de una economía capitalista tenían la potencia suficiente para abrir una brecha en alguna parte, antes o después; y es igualmente razonable suponer, con Marx, qua la industrialización era el producto lógico de semejante brecha. Ha sido más bien mi propósito el mostrar que este reemplazo del feudalismo por el capitalismo no fue, y no podía ser, una simple evolución lineal —que aun en términos puramente económicos debía ser discontinua y catastrófica— y esbozar algunos de los mecanismos de ese cambio histórico, y llamar la atención acerca de la crisis del siglo XVII como un episodio crucial (según resultó *el* episodio crucial) en la declinación de la economía feudal y la victoria de la capitalista. El problema de por qué la revolución industrial se retrasó hasta el siglo XVIII no puede ser examinado aquí.

TERCERO

# LOS ORÍGENES DE LA REVOLUCIÓN INDUSTRIAL BRITÁNICA

Durante largo tiempo los historiadores han prestado una atención relativamente escasa a la "revolución industrial" británica. Desde el período previo a la guerra de 1914 no se ha producido un estudio comprensivo de ese fenómeno como los de Toynbee, Hammond, J. A. Hobson y Paul Mantoux, cuya *Industrial Revolution in the Eighteenth Century* sigue siendo la instancia más próxima a una obra ejemplar. Pero no poseemos nada equivalente para el período que va de 1800 a 1848. No existe una adecuada historia moderna de la industria del algodón a partir de 1780, del carbón o de las diversas formas de transporte, incluyendo los ferrocarriles [1]. En el período que separa ambas guerras y a partir de 1945, fueron publicadas algunas historias locales y otros tantos estudios regionales, de valor desigual, aunque subsisten todavía algunas lagunas [2]. A pesar de estos esfuerzos, y hasta tiempo muy reciente, el problema

[1] Los trabajos recientes sobre industrias individuales que poseen más interés son los de P. Mathias sobre la industria cervecera, de D C. Coleman sobre la fabricación del papel, y también los de W. E. Minchinton sobre la industria de la hojalata y de J. H. Morris y L. J. Williams sobre la industria del carbón en Gales del Sur entre 1841 y 1875, aunque estos últimos tratan períodos ligeramente posteriores al que nos interesa. Existe además un cierto número de historias de empresas individuales, cuyo valor no es homogéneo.

[2] Cfr. G. C. Allen, *The Economic Development of Birmingham and the Black Country* (1929); H. Hamilton, *The Industrial Revolution in Scotland* (1932); A. H. Dodd, *The Industrial Revolution in North Wales* (1933); W. H. B. Court, *Rise of the Midland Industries* (1938); A. H. John, *Industrial Development of South Wales* (1950); J. Rowe, *Cornwall in the Age of the Industrial Revolution* (1953); J. D. Chambers, *The Vale of Trent* (s. d.); S. Pollard, *History of Labour in Sheffield* (1960); J. D. Marshall, *Furness in the Industrial Revolution* (1958); J. Prest, *The Industrial Revolution in Coventry* (1960). Las historias locales más interesantes son las de Crewe (Chaloner, 1950), St. Helens (Barker & Harris, 1954) y Rhondda (E. D. Lewis, 1959).

general padeció un ligero descuido o más bien un oscurecimiento. Es que la moda de negar la existencia misma de la revolución industrial ganó considerable terreno entre la primera y la segunda guerra. Esta manifestación de oscurantismo histórico tiene su origen, probablemente, en una desconfianza general por las revoluciones y en una inclinación, no menos difundida, en favor del cambio lento y gradual. Como afirma T. S. Ashton (quien en efecto escribió una historia económica del siglo XVIII que no hace mención de la revolución industrial), "es peligroso descuidar el hecho esencial de la continuidad"[3]. El argumento preferido contra la existencia de la revolución industrial es que el capitalismo "tuvo su origen mucho antes de 1760 y alcanzó su desarrollo pleno mucho después de 1830"[4]; es decir, que entre esos años se produjo a lo sumo una "evolución acelerada", pero ningún cambio imprevisto, ni de fondo. Esta opinión se difundió ampliamente entre los historiadores no marxistas, sobre todo entre los que no se especializan en la historia económica, y naturalmente desalentó cualquier intento de investigar un problema cuya existencia misma era negada.

En los últimos años, por fortuna, este obstáculo para un estudio serio de la revolución industrial ha sido tácitamente removido del camino. Basta un breve examen del mundo moderno para comprender perfectamente que las revoluciones industriales (y no ya sólo las "evoluciones aceleradas") ocurren, y que además todos los países subdesarrollados sienten la necesidad de estos cambios imprevistos y de fondo, y los desean justamente para dejar de ser subdesarrollados. Los teóricos del desarrollo económico asumen tácitamente que su misión es explicar por qué se producen las revoluciones industriales y cómo pueden ser provocadas. El profesor W. W. Rostow es apenas uno de los reintroductores de este concepto de revolución, en las discusiones no mar-

---

[3] T. S. Ashton, *An Economic History of England: The Eighteenth Century*, 1955.
[4] T. S. Ashton, *The Industrial Revolution*, 1948, p. 2. El argumento se encuentra ya presente en J. H. Claphan, *Economic History of Modern Britain*, vol. I, 1926, una de las contribuciones más valiosas, aunque retrógrada, a este campo de estudios realizada entre las dos guerras.

xistas actuales, aunque sólo con el nombre menos peligroso de "despegue hacia el desarrollo autosostenido" (*take-off into self-sustained growth*)[5]. Según sus propias palabras, el "despegue" es el período durante el cual "en un decenio o dos, tanto la estructura fundamental de la economía, como la estructura social y política de la sociedad se transforman de modo tal que, a consecuencia de ello, es posible alimentar regularmente un ritmo continuo de desarrollo". Los partidarios del desarrollo gradual se han multiplicado.

Es claro, naturalmente, que esto no significa que en 1760 (o en cualquier otro año que se prefiera) Inglaterra fuera un país por completo carente de industrias y que en 1830 (o en cualquier otro año que se elija) estuviera totalmente industrializada. No cabe duda, desde hace mucho tiempo, que las verdaderas transformaciones tecnológicas y organizativas ocurridas durante el período de la revolución industrial se circunscribieron a un sector bastante restringido de la economía; el "sistema de fábrica", por ejemplo, se limitó en la mayoría de los casos a la manufactura del algodón. No es menos claro que, aun antes de la revolución, Inglaterra poseía ya importantes regiones industriales que producían gran cantidad de mercadería, a menudo con una técnica fabril poco inferior a la difundida más tarde por la revolución. Como lo han demostrado Mousson y Robinson, por ejemplo, las arcaicas máquinas de vapor de Savery y Newcomen, que se remontan a los comienzos del siglo XVIII, podían ser y fueron utilizadas para una variedad de fines industriales mucho más amplia de lo que se pensaba en otra época[6]. Algunas de estas industrias "preindustriales", como las minas de cobre y estaño en Cornwall, cayeron finalmente en decadencia. Pero otras continuaron su expansión "preindus-

---

[5] W. W. Rostow, *The Stages of Economic Growth, a Non-Communist Manifesto*, Cambridge, 1960. Véase también D. Landes, "Encore la révolution anglaise", en *Bull. de la Soc. d'hist. mod.* XII (1961) 18.

[6] A. E. Musson y E. Robinson ("The Early Growth of Steam Power", en *Econ. Hist. Rev.* [1959] 4) han demostrado recientemente que la creencia en el virtual monopolio de la fabricación de máquinas a vapor por Boulton y Watt, entre 1775 y 1800, es infundada, y que los historiadores del pasado sobrestimaron, por esta causa, la expansión del vapor como fuerza motriz durante este período.

trial" sustancialmente sin grandes revoluciones tecnológicas ni organizativas, como la industria de la extracción del carbón o las pequeñas fábricas artesanales de productos metalúrgicos, en los alrededores de Birmingham y Sheffield. En estas regiones, la revolución industrial, en el sentido técnico de la palabra, recién se produjo hacia la segunda mitad del siglo XIX (como ocurrió también con la industria de la lana, en Yorkshire) y aun entonces asumió prevalentemente la forma de una declinación relativa de las viejas industrias locales, sumada al ascenso de nuevas industrias, que se basan sobre tipos de organización fabril completamente diferentes [7]. Todo esto no sorprende ni importa demasiado: el síntoma decisivo de la revolución industrial es el vuelco ascendente, imprevisto y franco, de todas las curvas de indicadores económicos cuyas estadísticas se poseen, y el hecho de que tras este salto, el desarrollo continúa con un ritmo nuevo y sin precedentes.

Los historiadores no marxistas, pues, han descubierto el problema de la revolución industrial, y el nuevo interés de los economistas por el "desarrollo económico" (otro tema confinado largo tiempo a los escritores marxistas) [8] ha renovado la inquietud por la investigación. Pero una cantidad de factores de oscuridad que se oponen todavía a la formulación clara del problema que discutimos, impide el progreso ulterior de esta búsqueda. Se trata en parte de la ignorancia, que refleja el largo estancamiento de la discusión, pero en parte tam-

---

[7] J. Rowe, *Cornwall in the Age of the Industrial Revolution*, Liverpool, 1953; G. C. Allen, *Industrial Development of Birmingham and the Black Country*, London, 1929; S. Pollard, *A History of Labour in Sheffield*, Liverpool, 1960. Esta disparidad en el desarrollo ya había sido observada por M. H. Dobb, *Studies in the Development of Capitalism*, London, 1946 [*Estudios sobre el desarrollo del capitalismo*, Siglo XXI Argentina, 1971] y se la conoce bien desde Clapham, *op. cit.*

[8] "No es, en realidad, una exageración afirmar que durante casi cien años, a partir de la segunda mitad del siglo XIX, cuando las teorías económicas del largo período de la escuela clásica y marxista habían sido ya formuladas, no se produjo ningún trabajo teórico importante sobre este campo, salvo las diversas tentativas de revisar la teoría marxista a la luz de los acontecimientos sucesivos", S. Kuznets, en *National Policy for Economic Welfare at Home and Abroad*, editado por R. Lekachman, New York, 1955, pp. 14-15.

bién a los prejuicios profesionales de los economistas, quienes tanto han hecho por reanimarla, y en parte, finalmente, a consideraciones ideológicas. Ningún progreso será posible si no se acepta antes que la revolución industrial británica no es un problema general; al contrario, se trata de un problema específico, por tres motivos: 1) es el problema de un país individual, en una situación particular; 2) no es sólo el problema del "desarrollo económico" sino además del "despegue" imprevisto y revolucionario; 3) no es ya el problema de una revolución industrial en condiciones sociales *indefinidas*, sino en las condiciones sociales del capitalismo.

La posición de Gran Bretaña es única porque se trata del primer país, en la historia mundial, que conoció una revolución industrial y se convirtió, por consiguiente, en el "emporio del mundo", monopolizadora virtual de la industria, de la exportación de productos manufacturados y de la explotación colonial. Al ser pionera del capitalismo industrial Gran Bretaña se transformó en el país del ejemplo clásico. En ningún otro país el problema del surgimiento de la revolución industrial bajo condiciones capitalistas se percibe con tanta claridad, porque la industrialización de Gran Bretaña, debido al hecho mismo de ser la primera en la historia, no podía beneficiarse con la existencia de un sector ya industrializado en la economía mundial, que cambia las condiciones del desarrollo para todos los demás. En ningún otro país (en ninguno de extensión y población comparables, al menos) los agricultores y los productores y comerciantes de la pequeña actividad mercantil fueron eliminados hasta tal punto; en ningún otro país la urbanización fue tan completa, ni el liberalismo económico aceptado con tan pocos reparos. Pero este "clasicismo" transforma al caso de Gran Bretaña en un hecho atípico. Otros países, en los que la revolución industrial no fue de manera tan clara el punto culminante de varios siglos de evolución previa, se encontraron ante problemas como la disponibilidad de capitales o la formación de una clase obrera calificada, que no perturbaron con demasiada intensidad a Gran Bretaña. La banca y el estado británico, por ejemplo, no se vieron obligados a financiar a la industria y los ferrocarriles internos respectivamente, como ocurrió en cambio en otros países. La legislación británica para el régimen de sociedades era rudimentaria: hasta la segunda mitad del siglo XIX Gran Bretaña pudo progresar sin poseer una legislación adecuada para el régimen de las sociedades por acciones. Por el contrario, el mismo origen temprano de la industrialización británica y la fuerza del monopolio mundial que produjo contribuyeron a cristalizar la estructura industrial en formas arcaicas. Mientras, por ejemplo, el sistema de hilado múltiple, inventado en la primera mitad del siglo XIX, fue adoptado por la mayor parte de las industrias algodoneras modernas, en Gran Bretaña, hacia 1946, el número de husos del sistema antiguo (*mule spindles*) duplicaba al de los múltiples (*ring-spindles*) [9]. En otras palabras, Gran Bretaña seguía dominada en su mayoría por la tecnología del período 1780-1845. Una pureza clásica del desarrollo capitalista y, por consiguiente, un desarrollo único y particular, caracterizan a la revolución industrial británica.

Afortunadamente, los historiadores británicos están menos sometidos que otros a la tentación de identificar su historia con un modelo general, lo que los ha conducido a una especie de provincialismo pero los ha ayudado a eliminar algunas seudosoluciones que fueron sugeridas por el problema de la industrialización británica. Desde un punto de vista *tecnológico* (como lo apreció Mantoux, hace ya tanto tiempo) [10] la revolución industrial británica no fue particularmente avanzada o científica; y es muy fácil demostrar que la tecnología y la ciencia necesarias para llevarla a cabo estaban ya disponibles en la década 1690-1700 o se encontraban al alcance, sin mayores esfuerzos, de la tecnología de ese período. Por consiguiente, para explicar la explosión imprevista de la revolución industrial no se debe invocar el *deus ex machina* de los descubrimientos científicos o las invenciones técnicas. Sea cual fuere el caso en otros países, en Gran Bretaña, a partir de 1660 o antes, no faltaron en absoluto inclinaciones *empresarias*, razón por la cual no debemos preocupar-

---

[9] Board of Trade, *Working Party Report: Cotton* (HMSO, 1946) página 37.
[10] *Op. cit.*, ed. 1947, p. 487.

nos en buscar la causa de la revolución en un nuevo apogeo del "espíritu capitalista", al menos en este período [11]. La debilidad del sistema educativo inglés (aunque no es el caso de Escocia) vuelve inútil en este período por lo menos, toda búsqueda de un estímulo extenso al progreso técnico e industrial, comparable, digamos, al de la revolución en Francia.

Tampoco es posible buscar otra causa exterior de la revolución industrial británica que se pueda aplicar plausiblemente a los demás países: siguiendo, por ejemplo, la línea de Rostow, quien parece inclinarse por una teoría vagamente formulada según la cual "el caso general implica una sociedad que se moderniza por una reacción nacionalista contra la intrusión o amenaza de intrusión de potencias extranjeras más avanzadas", y, a falta de explicación mejor, se resigna a aplicar con algunas dudas esta teoría incluso a Gran Bretaña [12]. Sin duda los intereses industriales británicos eran nacionalistas, y es verdad que consideraban al aparato estatal británico como una máquina para eliminar a sus competidores extranjeros y potenciar al máximo las ganancias de sus mercados externos. El estado británico cumplió esta misión hasta lograr el triunfo completo del capitalismo en Gran Bretaña, con una combinación de proteccionismo rígido y guerras económicas de agresión. Pero es absurdo comparar la economía británica posterior a 1660, dinámica, plena de confianza en sí misma y claramente en desarrollo, con las economías subdesarrolladas o coloniales; o considerar la rivalidad entre Inglaterra y Holanda (como parece hacer Rostow) como "un esfuerzo excesivo por... liberarse de lo que era tenido por una sumisión casi colonial hacia los holandeses"; o considerar la rivalidad entre Gran Bretaña y Francia durante el siglo XVIII (cuando ya los franceses contemplaban a Gran Bretaña como un mo-

---

[11] En realidad los "puritanos" (Disidentes) que debían constituir una proporción considerable de los nuevos empresarios e industriales, durante y después de la "revolución industrial", disminuyeron en efecto en la primera parte del siglo XVIII, y aumentaron durante el tercer cuarto de siglo en los países septentrionales y en occidente. Cfr. Neil Smelser, *Social Change in the Industrial Revolution*, 1959, pp. 68 y ss.

[12] *The Stages of Economic Growth*, pp. 34-35.

delo exitoso de economía) como "una historia no demasiado nueva de inquietud nacionalista". El nacionalismo de la burguesía británica, más que "inquieto", fue agresivo; su propósito no era eliminar el atraso sino reforzar su propio progreso, conquistar el mundo [13].

En segundo lugar, si bien la tendencia a negar el valor o la existencia real de la revolución industrial no es muy seria, la inclinación a tratarla como una consecuencia automática del desarrollo económico sigue siendo fuerte. Demasiado a menudo todavía, la revolución industrial es vista como un fenómeno inevitable de "combustión espontánea" que se produce cada vez que los ingredientes necesarios (crecimiento de la población, expansión del comercio, acumulación de capitales, progreso económico y clima social adecuado) [14] se combinan en cantidad suficiente o aumentan a un ritmo propicio. Este proceso, destinado a reunir las condiciones necesarias y suficientes para la revolución industrial, era concebido a menudo como una acumulación gradual en un período de varios siglos; pero en los últimos tiempos, un deseable elemento de discontinuidad ha sido introducido en el estudio de las fluctuaciones económicas a largo plazo. Ahora nos damos cuenta de que la revolución inglesa del siglo XVII fue seguida por un período de desarrollo económico muy rápido, que abarca las décadas inmediatamente anteriores y posteriores a 1700 y presenció el desarrollo de la primera máquina de vapor eficiente, y la solución del problema de la fundición del hierro con carbón de coque. A este período le siguió otro de relativo estancamiento, un

---

[13] Según el tono general de los ensayos económicos que se ocupan de Holanda en el siglo XVII, parecería que este país pequeño y pobre (mucho más pequeño, débil y pobre que Inglaterra) conquistó riquezas y poder simplemente con un manejo sagaz de los problemas económicos. Si Inglaterra la hubiera imitado, sus resultados habrían sido aun mejores. Cfr. J. R. McCulloch, *Early English Tracts on Commerce*, Cambridge, 1952, passim. El desprecio de los ingleses por la Francia del siglo XVIII —no del todo justificado por los hechos económicos y tecnológicos— es proverbial.

[14] Extraigo esta nómina de un reciente (1957) texto para las escuelas secundarias, escrito sin embargo por un especialista universitario de valía. Cfr. A. P. Youngson, *Possibilities of Economic Progress* (1959), cap. VIII, para una interpretación semejante sobre los orígenes de la revolución industrial.

fenómeno económico al que la investigación ha prestado hasta ahora poco interés [15]. En realidad, como lo explicó D. Coleman resumiendo el fruto de muchas investigaciones recientes, las condiciones dadas hacia fines del siglo XVII harían esperar la aparición, en ese momento, de una revolución industrial [16]. "Por qué —se pregunta— el *boom* se agota en el cuasi-estancamiento de principios del siglo XVIII? Esta... podría ser quizá la pregunta clave en el intento de identificar los orígenes de la revolución".

Pero la tendencia general del análisis continuó sin alteraciones, a pesar de que la atención se concentró mucho más sobre el período comprendido entre 1660 y 1760, dentro del cual los especialistas en agricultura han señalado progresos mucho más importantes que los señalados por lo general cuando se suponía que la "revolución agrícola" había comenzado alrededor de 1760 [17]. Los investigadores se siguen preguntando cómo llegaron a conjugarse los diversos factores de producción y las condiciones previas para la industrialización; cuál fue el hecho determinante del crecimiento de cada uno de estos factores hacia la mitad del siglo XVIII; y, finalmente, si no será posible remontar todos estos procesos hasta un único *primum mobile*.

La explicación *demográfica* ha seducido considerablemente a los investigadores, en los últimos tiempos y, por consiguiente, la población ha sido objeto de un análisis más intensivo que cualquiera de los demás as-

---

[15] Cfr. G. E. Mingay, "The Agricultural Depression, 1730-1750", en *Econ. Hist. Rev.*, 1956; A. H. John, "The Course of Agricultural Change", en *Studies in the Industrial Revolution*, editado por C. S. Presnell, 1960; y más generalmente, T. S. Ashton, *Economic Fluctuations in England 1700-1800*, 1959.
[16] "Past & Present", 17 (1960) pp. 71-72.
[17] Cfr. W. Hoskins, "English Agriculture in the Seventeenth and Eighteenth Centuries", en *X Congresso Internazionale di Scienze storiche, Roma, 1955, Relazioni*; A. H. John, loc. cit. Esta tendencia merece nuestro aplauso, pues siempre fue difícil comprender la capacidad británica de canalizar gran parte de una población en rápido crecimiento, hacia el trabajo industrial y urbano, sin que se hubiese registrado, *antes* de la revolución industrial, un aumento en la productividad agrícola. En todo caso, el fenómeno se produjo sin la necesidad de importaciones masivas de productos alimenticios durante el período crucial.

pectos del origen de la revolución industrial (con la excepción quizá de la agricultura) [18]. La causa es, en parte, que un modelo simple de desarrollo, derivado de un único factor exógenamente generado, tienta a los teóricos; y en parte, también, se debe a que la teoría marxista del origen de una fuerza de trabajo industrial puede ser fácilmente rebatida con el argumento de que el nacimiento del proletariado se debió, no a la "expropiación" sino al "exceso natural de población" [19].

Si lo que se busca es una explicación "por la cual las fluctuaciones a largo plazo en los precios, la redistribución de las rentas, las inversiones, los salarios reales y las migraciones resulten gobernados por los cambios en el crecimiento de la población" [20], hay que decir que esta explicación no ha sido hallada. En realidad, la tendencia general de la discusión se ha volcado, de la hipótesis de un aumento de la población generado desde afuera (considerado como "causa" del desarrollo económico según parece sostener todavía J. D. Chambers), a la opinión de que el crecimiento demográfico es una función de la economía en que se verifica. Algunas explicaciones exógenas, otrora muy difundidas, del crecimiento demográfico británico en el siglo XVIII (que se habría debido, por ejemplo, al progreso de las condiciones sanitarias e higiénicas) han sido refutadas definitivamente [21]. La tendencia más reciente, encabezada

---

18 D. E. C. Eversley, "Population and Economic Growth in England before the 'Take-off'", en *First International Conference of Economic History*, Stockholm, 1960, contiene una útil bibliografía sobre el tema.

19 Esta es la tesis de J. D. Chambers, "Enclosure and Labour Supply in the Industrial Revolution", en *Econ. Hist. Rev.*, 1953. Este investigador ha dedicado numerosos estudios al tema, importantes y generalmente orientados hacia la demografía; entre otros, *The Vale of Trent, 1670-1800* (Economic History Society, s. d.); "Population Change in a Provincial Town", en *Studies in the Industrial Revolution*, cit.; e "Industrialization as a Factor of Economic Growth in England, 1700-1900", en *First International Conference of Economic History*, Stockholm, 1960.

20 H. J. Habbakuk, "The Economic History of Modern Britain", en *Journal Econ. Hist.*, 1958, p. 487.

21 En McKeeown and Brown, "Medical Evidence Related to English Population Changes in the Eighteenth Century", en *Population Studies*, 1955.

por Habbakuk [22], que subraya el aumento de la tasa de natalidad combinado con la disminución de la tasa de mortalidad como resorte principal del crecimiento demográfico, es discutible. Pero en la medida en que muestra que la revolución industrial misma fue el estímulo para la creación de una fuerza trabajadora, se mueve en dirección hacia la opinión clásica. No es rigurosamente exacto, entonces, presentar todavía hoy la cuestión en términos como éstos: "¿Creó la revolución industrial su propia fuerza de trabajo? ¿O fueron los caprichos del clima y las epidemias quienes produjeron un exceso de población que estimuló a la revolución o, por lo menos, coincidió casualmente con una revolución de origen distinto?" [23] Es que, aun si suponemos con Habbakuk que "inicialmente el crecimiento producido en la segunda mitad del siglo XVIII debe haber sido provocado tan sólo por la ausencia de causas de alta mortalidad en el medio siglo anterior", no podríamos explicar por qué estas fluctuaciones periódicas de la mortalidad, que se verifican por igual en otros períodos históricos, provocan justamente ahora consecuencias tan distintas. Por esta razón nos vemos obligados en fin a señalar los factores económicos que transformaron esta fluctuación en una revolución demográfica permanente.

Dejando de lado la población, los historiadores del "desarrollo económico" se manifiestan muy interesados por la agricultura, quizá porque se trata del sector más importante de la economía preindustrial inglesa y porque sus altos y bajos influyeron claramente sobre los movimientos del sector fabril, aún después de la revolución industrial. Si la inversión y las rentas de la agricultura aumentaron —dicen estos historiadores— no cabe duda que la industria debe haber sentido un estímulo. Dos cuestiones han ocupado a muchos investigadores: cuál fue la causa de ese aumento, en la primera mitad del siglo XVII, y cómo puede comprenderse su influencia estimulante sobre el desarrollo industrial [24].

---

[22] "English Population in the Eighteenth Century", en *Econ. Hist. Rev.*, 1953.
[23] Habbakuk, *Journ. Econ. Hist.*, 1958, p. 500.
[24] Por ejemplo, J. D. Chambers (*The Vale of Trent* y *First Inter-*

Esta tendencia a analizar los orígenes de la industrialización en términos reales o, como T. S. Ashton solía preferir [25], monetarios, refleja un desplazamiento análogo, en la economía académica, de los análisis monetarios a los planteos reales, llevado a cabo por los keynesianos [26]. El análisis real es aceptable, dentro de sus límites. Pero, en primer término, debe notarse que da por supuesto tácitamente que la explicación del desarrollo debe ser buscada sobre todo en los procesos internos (aunque Habbakuk, con su habitual sagacidad, advierte que no debemos comparar "el desarrollo de las rentas agrícolas internas, como estímulo, con el aumento de las rentas en el comercio de ultramar de Inglaterra"); y además, su propósito es explicar el "de-

---

national Conference of Economic History), quien sugiere un esquema más bien simple de crecimiento demográfico que conduce hacia (a) la prosperidad agrícola, el ahorro y la inversión, ya sea en el capital social fijo (transportes, por ejemplo) o, a través de los mayoristas y los terratenientes, en la industria; y (b) a la expansión de la fuerza de trabajo. La participación del sector agrícola en la movilidad y la inversión de capitales fue señalada también en la monografía de L. S. Pressnell, *Country Banking in the Industrial Revolution*, 1956. El extenso ensayo de A. H. John, "The Course of Agricultural Change, 1650-1760" (en *Studies in the Industrial Revolution*, cit.), sugiere un mecanismo más complejo. Subraya, precisamente, la influencia de los precios agrícolas, estancados o declinantes, a comienzos del siglo XVIII, en la innovación de las técnicas rurales, pero señala también, correctamente, que el siguiente período de prosperidad agrícola (es decir, el aumento de los precios) se debió principalmente a la incapacidad de incrementar la producción rural en proporción con el aumento de la demanda. "La decisión de destinar los recursos a la revolución de la industria se originó en un variado conjunto de circunstancias. Entre otras, debe tenerse en cuenta las dificultades naturales que encontró la agricultura en esos años; y esta incapacidad de responder a la demanda puede haber sido muy bien el factor que contribuyó a inclinar a Inglaterra hacia el camino de la revolución industrial", *Loc. cit.*, p. 155.

[25] Sus tesis han sido citadas por Habbakuk en "The Eighteenth Century", *Econ. Hist. Rev.*, 1956, p. 434, y por Charles Wilson, en *History*, 9 de junio de 1957, p. 106, y, si no defendidas, por lo menos consideradas con benevolencia por L. S. Pressnell, "The Rate of Interest in the Eighteenth Century" (en *Studies in the Industrial Revolution*, cit.), pero se puede decir que hoy no cuentan con el favor de otras épocas.

[26] W. W. Rostow, *The British Economy in the Nineteenth Century*, 1948, es quizás el ataque más vigoroso contra las teorías monetaristas sobre las fluctuaciones económicas a largo plazo.

sarrollo económico" en general y no la revolución industrial en particular.

Pero aun si consideráramos al problema como un "despegue" imprevisto y no necesariamente automático, no acabaríamos de explicarlo sin comprender las características particulares que lo distinguen por tratarse de un desarrollo económico capitalista [27]. No tenemos necesidad de desperdiciar nuestro tiempo con quienes niegan la relevancia de este hecho, como W. W. Rostow, quien no ve diferencia fundamental entre la industrialización rusa y la norteamericana (o entre la industrialización previa y posterior a la revolución soviética) y parece negar que los capitalistas estén motivados por las ganancias. Pero aun quienes admiten la evidencia de que las decisiones de invertir y producir son tomadas por una multitud de empresarios en la medida en que resultan más redituables que las alternativas propuestas, y que, por consiguiente, "la explicación básica de toda revolución industrial, vale decir, de toda aceleración imprevista en la etapa de la formación del capital, es un aumento imprevisto de las posibilidades de ganar dinero" [28], acaban de comprender plenamente las consecuencias que implica esta proposición. ¿Cuál es el factor que determina "un aumento imprevisto de las posibilidades de ganar dinero" en el cuadro del siglo XVIII? ¿Qué índole de aumento imprevisto puede estimular, no ya una expansión en general, sino una revolución industrial en particular? ¿Y en qué circunstancias se producirá? ¿Podrá operar el mismo estímulo en todos los campos de la economía, o en todas las fases del desarrollo industrial? Estas preguntas, a pesar de ser decisivas, quedan a menudo sin plantear.

Son fundamentales, sin embargo, para dos momentos del desarrollo económico: para el "despegue" inicial y para el punto en que una economía industrial primitiva debe elegir entre procurarse una base de bienes de

---

[27] He discutido la "paradoja" del desarrollo capitalista en mi artículo "Il secolo XVII nello sviluppo del capitalismo", *Studi storici*, 4 (1960), [ver este volumen pp. 71-88, N. del E.], donde sostego que hasta el triunfo del mercado mundial, el desarrollo capitalista tiene una tendencia a *no* favorecer los tipos de inversión que conducen a la revolución industrial.

[28] W. A. Lewis, *Theory of Economic Growth*, 1955, pp. 234-5.

capital suficientemente amplia y capaz de autoexpandirse, o correr el riesgo de un serio retardo en su desarrollo. La indiferencia de los teóricos por el primero de estos problemas es más frecuente, pero sus opiniones sobre el segundo no son menos inadecuadas [29]. Algunos estudiosos todavía sostienen, por ejemplo, que "las industrias de bienes de consumo son *siempre* (la bastardilla es mía) las primeras en desarrollarse durante el proceso de industrialización. Pero... las industrias de bienes de capital pronto adquieren un ritmo de crecimiento mayor que el primer grupo"[30]. Este fenómeno, aun cuando no se descarte su probabilidad, es tan sólo un reflejo de las condiciones de industrialización bajo un régimen de iniciativa privada, en el que la inversión inicial relativamente pequeña que se necesita para industrializar algunos sectores de los bienes de consumo (los textiles en particular) y el mercado prospectivo relativamente evidente en esta área, hacen que el desarrollo del sector de consumo resulte mucho más atrayente que en el sector de bienes de capital. Como todos sabemos, en una industrialización socialista (o en casi cualquier otro régimen de industrialización que no coloque en primer plano las ganancias del capital privado) es posible seguir, y generalmente se sigue, el procedimiento lógico de construir, en primer lugar, una base adecuada de bienes de capital. Pero, si los incentivos para la industrialización completa de los sectores de bienes de capital son tan exiguos, ¿cómo es posible que en Gran Bretaña haya podido surgir una industria de bienes de capital tan amplia bajo el régimen de la iniciativa privada? El hecho de que efectivamente haya surgido no nos exime de responder a esta pregunta.

Se ha discutido a menudo sobre las condiciones gene-

---

[29] Cfr. T. S. Ashton, *Economic History of England: The Eighteenth Century*, p. 127, quien sostiene que "el desarrollo de las manufacturas" se debió simplemente "a una disminución en los costos y un aumento en la demanda, no sólo de los ricos y del Estado, sino también de la gente común". ¿Por qué entonces la revolución industrial nació en los textiles de algodón y no en la cuchillería?

[30] W. Hoffmann, *On the growth of Industrial Economics*, 1958, p. 2; Rostow, *Stages*, lo niega, y puede incluso inclinarse por la opinión opuesta, pero con una comprensión igualmente limitada del fenómeno.

rales para el "despegue" inicial. La mayoría está de acuerdo en que el estímulo particular que impulsa a una industria a cruzar el umbral de la revolución industrial sólo puede producirse en determinadas condiciones económicas y sociales, que no necesitamos discutir extensamente aquí, porque no son actualmente objeto de controversia, al menos en lo que respecta a Gran Bretaña, en cuyo siglo XVIII no faltó ninguna. Hay acuerdo, además, en que la presencia de estos estímulos es más probable en una industria productora de bienes de consumo ampliamente difundidos, estandarizados razonablemente para compradores más bien pobres que ricos, fabricados con materias primas cuya demanda puede crecer sin aumentar excesivamente los costos, y cuyo transporte incide poco en el precio. (En tiempos recientes se ha vuelto a señalar la situación ventajosa de Gran Bretaña en el período preindustrial, cuando los transportes navieros eran considerablemente menos costosos que los terrestres.) Una industria de esta índole se prestaría en especial a la revolución si el cambio tecnológico fuera posible introducirlo con sentido oportunista y a bajo costo, y no resultara demasiado complejo; es decir, no exigiera un conjunto altamente capacitado o técnicamente especializado de empresarios y obreros [31], o una inversión preliminar excesiva, o innovaciones científicas y tecnológicas previas. Cuando los nuevos métodos de producción no se muestran claramente superiores en eficiencia y rentabilidad al sistema viejo y probado, surge siempre un período de experimento e incertidumbre, que ha significado para muchos inventores la bancarrota. Pero cuanto más simples y menos costosas resulten las innovaciones, más probable será su adopción general. En otras palabras, "no es una mera perogrullada suponer que los textiles

---

[31] Es necesario recordar que el sistema universitario británico era muy inferior, en todos los niveles, al de los estados continentales, como también su especialización tecnológica (aunque no así la capacidad de sus operarios, superior a los del resto de Europa). La industria naviera británica era técnicamente inferior a la europea o la norteamericana, y la explotación minera de Gran Bretaña no contaba con nada parecido a la Academia Minera de Freiberg.

fueron el sector mejor preparado para dar señal de partida al primer despegue"[32].

Es necesario, sin embargo, conocer aun las condiciones superficiales que estimularon ese "despegue". Entre ellas figuran, seguramente: a) una limitación externa para la expansión de los viejos métodos (como por ejemplo la escasez de mano de obra o el alto costo de los transportes) que hace difícil aumentar la producción más allá de cierto punto con los métodos existentes[33]; y sin duda, b) una perspectiva de expansión del mercado, tan amplia que justifique la diversificación o el perfeccionamiento de los métodos antiguos; y c) tan rápida que la ampliación y modificación de éstos no pueda hacerle frente[34] Pero ¿cuáles son las circunstancias que producirán estas condiciones?

Parece probable que un estudio del mercado nos proporcione la respuesta. Y aquí el redescubrimiento de la importancia de lo que Marx llamó "el mercado mundial" ha permitido un progreso significativo. En realidad, no basta limitarse tan sólo a sugerir que "el impulso inicial hacia la industrialización puede brotar tanto del interior de la misma economía, como del exterior"[35]. Bajo las condiciones del desarrollo capitalista, *antes* de la revolución industrial, es más probable que el impulso provenga del exterior. Por esta razón es cada vez más claro que los orígenes de la revolución industrial de Gran Bretaña no pueden ser estudiados exclusivamente en términos de historia británica. El árbol de la expansión capitalista moderna creció en una determinada región de Europa, pero sus raíces extrajeron su alimento de un área de intercambio y acumulación primitiva mucho más amplia, que

---

[32] K. Berrill, "International Trade and Rate of Economic Growth", en *Econ. Hist. Rev.*, 1960, p. 358.

[33] Por esta causa, la extensión de la hilandería doméstica sufre pronto el aumento de los costos de transporte, dado que los operarios y las mercaderías deben desplazarse en distancias cada vez mayores por vía terrestre.

[34] La revolución tecnológica en el arte de la tipografía fue iniciada por los impresores de diarios, que debían producir un número elevado de copias en un período breve de tiempo, situación no compartida por los tipógrafos comunes, que disponían del tiempo necesario.

[35] Hoffmann, *op. cit.*, p. 24.

incluía tanto las colonias de ultramar ligadas por vínculos formales como las "economías dependientes" de Europa Oriental, formalmente autónomas. La evolución de las economías esclavistas de ultramar, y de las basadas en la servidumbre de la gleba, de Oriente, fueron tan partícipes del desarrollo capitalista como la evolución de la industria especializada y de las regiones urbanizadas del sector "avanzado" de Europa. Comienza a quedar en claro, además, que eran necesarios los recursos de todo este universo económico para abrir una brecha industrial en *cualquier* país del sector económicamente avanzado. En realidad, es muy probable que dadas las condiciones de los siglos XVI al XVIII, sólo hubiera lugar en el mundo para *una* potencia industrial avanzada, de modo que debemos preguntarnos ahora, por qué debía ser precisamente Inglaterra la potencia avanzada [36]. Si esta tesis es correcta, se pueden extraer de ella algunas consecuencias interesantes.

En primer lugar, la argumentación debería conducirnos a reconsiderar la naturaleza y la importancia del mercantilismo británico; es decir, la política sistemática de expansión económica belicista y colonialismo, y la no menos sistemática protección de los industriales, comerciantes y armadores británicos [37]. Por cierto es verdad que, en última instancia, la presencia de una burguesía potente y dinámica, en cuyo seno

---

[36] K. Berrill, "International Trade...", cit., defiende el primer punto con gran energía. Es compartido, en términos más generales, por E. J. Hobsbawm, "The Crisis of the Seventeenth Century", en *Past & Present*, 6 (1955). Cfr. también Berrill, *Past & Present*, 17 (1960), p. 74: "El siglo XVIII contempló un desarrollo sustancial en este campo. Cualquiera de las potencias implicadas, que controlara una parte suficiente del mercado durante un cierto tiempo, habría podido lanzar la revolución industrial".

[37] A. Imlah ha sostenido recientemente que, a principios del siglo XIX, Gran Bretaña tenía un balance comercial visiblemente desfavorable, razón por la cual debió apoyarse en las ganancias producidas por los transportes marítimos y otros servicios semejantes. Esta observación, si bien correcta, sólo sirve para subrayar la importancia del mercantilismo sistemático (como el caso de las Actas de Navegación que crearon una potente flota mercantil británica). ("The British Balance of Payments and Exports of Capital, 1816-1913", en *Econ. Hist. Rev.*, v (1952). Para una crítica parcial de los métodos de Imlah, véase la reseña de P. Mathias en *English Historical Review*, 9 (1960), y R. O. C. Matthews, *A Study in Trade Cycle History*, 1954.

privaban los intereses manufactureros nacionales, fue decisivo. Pero parece también probable que la inclinación de los gobiernos británicos a colocar las ganancias comerciales y la conquista de nuevos mercados sobre toda otra consideración haya ejercido un papel decisivo en la exclusión de rivales económicos en potencia como los franceses, cuya política exterior era menos unilateralmente burguesa. Se ha sostenido que las guerras entre Gran Bretaña y Francia pueden haber retardo de manera efectiva el desarrollo económico [38]. Es una actitud que implica elegir el punto de vista más limitado. Incluso las guerras permitieron a Gran Bretaña establecer un control virtualmente monopolista de todas las regiones coloniales y del mercado mundial extraeuropeo, negando de esta manera una posibilidad pareja de expansión económica, y garantizando la suya propia.

Dando un paso más en este análisis de la revolución internacional planteado en términos internacionales, llegamos al centro mismo del problema de sus orígenes: la industria del algodón. Es bastante extraño que esta industria fundamental no haya sido suficientemente estudiada en los últimos años [39]. Parece probable que debamos aguardar la aparición de un estudio adecuado de la manufactura del algodón, antes que lleguemos a una solución generalmente aceptable de nuestro pro-

---

[38] Cfr. Gayer, Rostow y Schwartz, *The Growth and Fluctuation of the British Economy, 1790-1850*, 1953, pp. 646-49; F. Crouzet, *L'Economie britannique et le Blocus continental*, pp. 868 y ss. Pero ninguno de estos dos libros niega que Gran Bretaña haya salido de la guerra en mejores condiciones que sus contendientes europeos, tomando como punto de referencia 1789.

[39] A. P. Wadsworth y J. L. de Mann, *The Cotton Trade and Industrial Lancashire, 1600-1780*, 1931, sigue siendo el texto clásico sobre el período de formación. Pero para el verdadero período de la revolución industrial, el investigador debe remitirse siempre a los artículos de G. W. Daniels en *Trans. Manchester Statistical Society*, 1915-16 y 1917-18, o a la *History of the Cotton Manufacture in Great Britain* (1835), de E. Baines; ambos están referidos en el artículo de A. J. Taylor, "Concentratio and Specialization in the Lancashire Cotton Industry 1825-1850", en *Econ. Hist. Rev.*, 1949. El libro de Neil J. Smelser, *Social Change in the Industrial Revolution*, 1959, es fundamentalmente sociológico. Duele reconocer que la bibliografía de este trabajo registra solamente siete títulos en los últimos veinticinco años.

blema. El renovado interés por este tópico estimulará, probablemente, la investigación.

Pero lo que sabemos es suficiente para hablar con confianza del papel de primacía absoluta que desempeñó la industria del algodón en la industrialización de Gran Bretaña, o de la importancia de la economía internacional en este proceso. El primer aspecto no necesita casi comentario. Basta decir, al pasar, que la exportación de productos manufacturados (es decir, textiles en primer lugar) domina los movimientos de toda la economía británica durante este período crucial [40]. Los productos manufacturados de algodón representan entre el 40 y el 50 por ciento de todas las exportaciones británicas durante el período postnapoleónico [41].

Respecto a la importancia de la economía internacional en el desarrollo de la industria algodonera, dos hechos saltan a la vista. En primer lugar, el algodón se desarrolló en Gran Bretaña casi como un subproducto del comercio colonial (y especialmente de la trata de esclavos), según se puede deducir de la concentración de la industria en los alrededores de los grandes puertos que comerciaban con las colonias (Glasgow, Bristol y sobre todo Liverpool). Su materia prima provenía casi exclusivamente de ultramar (primero, del Levante y luego, a partir del siglo XVIII, de las Indias Occidentales y de los Estados Unidos, de 1790 en adelante) y sus mercados de exportación fueron, hasta la década de 1760-1770, África y América. El mercado mundial de productos manufacturados de algodón fue creado inicialmente y dominado durante largo tiempo por los industrializadores del algodón proveniente de la India, cuya exportación era estimulada por las sociedades comerciales europeas; Gran Bretaña sólo podía penetrar en este mercado cuando en alguna región la oferta de algodón de la India se interrumpía [42]. Estas circunstancias dieron un doble impulso a la primitiva

---

[40] Cfr. Gayer, Rostow y Schwartz, *op. cit.*

[41] Este porcentaje tendía a aumentar y alcanzó su punto máximo en la década de 1850-1860, según M. Blaug, "The Productivity of Capital in the Lancashire Cotton Industry", en *Econ. Hist. Rev.*, 1961.

[42] Esto vale también para la competencia de productos baratos de lino continental. El tema ha sido tratado por Wadsworth y Mann.

industria del algodón: a) el impulso general de la economía colonial y esclavista del siglo XVIII en rápida expansión; b) el impulso específico de estas interrupciones periódicas de la oferta, imprevisibles e imprevistas, que proporcionaban a quienes fueran capaces de aprovechar la ocasión, enormes posibilidades de expansión inmediata [43]. Es posible pensar que estas condiciones fueron excepcionalmente favorables para el desarrollo de innovaciones técnicas. En realidad, la "revolución industrial" del algodón fue precedida por un período de expansión del mercado internacional insólitamente rápida y merecedora de un estudio más adecuado [44]. Entre 1750 y 1770 el valor de las exportaciones de productos algodoneros manufacturados aumentó más del 900 por ciento (mientras el conjunto de las exportaciones aumentó sólo moderadamente). Más del 95 por ciento de estas ventas estaba destinado a los mercados coloniales (Irlanda, América y, sobre todo, África).

Es visible, por otra parte, que el mercado extranjero (y especialmente el de ultramar) no sólo tuvo una influencia decisiva en la génesis de la revolución del algodón y en el desarrollo posterior de la industria; contribuyó, además, a superar las condiciones internas. Se calcula que hacia 1805 las exportaciones de algodón representaban casi dos tercios del producto total y que a partir de entonces el predominio de las exportaciones sobre el mercado interno se estabilizó permanentemente [45]. Pero además, las colonias y ultramar conservaron una importancia decisiva dentro del ámbito de estos mercados de exportación, debido a que, mientras la demanda potencial era mayor en Europa (que en 1805 absorbía el 44 por ciento de las exportaciones de tejidos de algodón ingleses), la competencia comercial y política hacía muy vulnerable al mercado europeo, mientras que Gran Bretaña monopolizaba o controlaba totalmente las áreas coloniales y semicoloniales. Las consiguientes po-

---

[43] Por esta causa, entre 1751 y 1753, las exportaciones de algodón inglés a África se triplicaron, mientras las de la India declinaban.

[44] T. S. Ashton, *Economic Fluctuations in England 1700-1800*, 1959, proporciona material sobre el tema, pero como su *An Economic History of England: The Eighteenth Century*, 1953, resulta de utilidad limitada debido a que niega el fenómeno de la revolución industrial.

[45] F. Crouzet, *op. cit.*, pp. 63-68.

sibilidades de expansión están a la vista en el pequeño cuadro que sigue, donde se aprecia el crecimiento a partir de 1815 [46]:

## CONSUMO DE TEJIDOS DE ALGODÓN BRITÁNICOS EN MILLONES DE YARDAS

|  | 1820 | 1840 | 1860 |
|---|---|---|---|
| Europa | 128 | 200 | 201 |
| Estados Unidos | 24 | 32 | 227 |
| América Latina | 56 | 279 | 527 |
| Indias Orientales | 11 | 145 | 825 |
| China | 3 | 30 | 324 |

Se puede apreciar en estas cifras que, al cabo de veinte años, el monopolio británico del comercio latinoamericano (instaurado durante las guerras revolucionarias y napoleónicas) y la desindustrialización de la India a causa de su conquista produjeron el aumento de las ventas de tejidos de algodón, en estos dos mercados; pasando de la mitad al doble de lo exportado a Europa.

Esta impresión general no deja de ser válida, a pesar de ciertas anomalías que se observan en la fase crucial del "despegue" y merecen un análisis más profundo del que han sido objeto hasta ahora. La expansión del mercado colonial perdió temporariamente su ímpetu durante un período que comienza en 1770 y el crecimiento de las exportaciones se debió a la demanda europea. Parece claro, por otra parte, según las cifras muy interesantes del decenio 1780-1790, que la aceleración del crecimiento se debió al mercado interno y no a las exportaciones [47]. Pero, hablando en términos generales, se trata de excepciones. En los sectores más dinámicos de la industria británica, la fuerza motriz de la expansión fueron las exportaciones, y especialmente las extraeuropeas. La capacidad del algodón

---

46 Mulhall, *Dictionary of Statistics*, s.v. "Cotton".

47 Para el primer fenómeno, cfr. Wadsworth y Mann, cit., pp. 164-170; el segundo es posible de comprobar confrontando las cifras de la importación neta de algodón en bruto (un índice aproximado de la producción total) con las de la exportación de productos de algodón manufacturados, que se encuentran en *Annals of Commerce*, III y IV, de Macpherson.

británico para monopolizar una parte considerable del mercado mundial, les abrió el camino del éxito.

Pero, aunque este análisis nos acerca hacia la comprensión del "despegue" original, nos deja todavía la tarea de resolver el segundo problema: de qué modo la economía británica pudo obtener una base suficientemente amplia de bienes de capital para continuar su industrialización. Porque, si bien existe siempre un gran mercado potencial para innumerables bienes de consumo (hasta las sociedades más primitivas necesitan tejidos, artefactos domésticos, etc.), no ocurre lo mismo en la etapa previa a la revolución industrial con el hierro o el acero, por ejemplo, aun cuando el productor domine la demanda mundial. Ni siquiera la primera fase de la industrialización textil está en condiciones de crear un mercado semejante, ya que la demanda de metales para la construcción de maquinaria es limitada (no debemos olvidar que muchas máquinas pueden hacerse todavía, en gran parte, con madera). Y es dudoso que la demanda suplementaria de bienes de consumo (cacerolas, estufas, etc.) y servicios públicos (puentes, tuberías, etc.) de una economía en expansión sea suficiente para hacer crecer la industria del hierro y el acero, del estadio en que se mide por decenas o centenares de miles de toneladas a la dimensión de los millones.

Antes de la revolución industrial, el factor individual más importante en el desarrollo de las industrias de bienes de capital era la demanda producida por el Estado, especialmente para fines militares [48]. Pero considerando las condiciones del arte marcial de la época, es dudoso que su influencia fuera suficiente y, por lo demás, a partir de 1815 su importancia comenzó a decrecer, precisamente, en el período en que la siderurgia se perfeccionaba. Sus mayores progresos, que debían conducirla a superar el umbral del millón de toneladas, sólo se produjeron a mitad de la década 1830-1840, y la transformación principal de la industria del acero ocu-

---

[48] "Durante el siglo XVIII la fundición de hierro llegó a identificarse casi con la fabricación de cañones", escribía en 1831 Dionysius Lardner en "Manufactures in Metal", *Cabinet Cyclopedia*, I, pp. 55-6.

rrió pasada la primera mitad del siglo; es decir, cincuenta a setenta años después del "despegue" textil.

¿Cuál fue la causa que creó una base verdaderamente adecuada para el desarrollo posterior de la economía británica? La respuesta es bien conocida: fue la construcción de los ferrocarriles entre 1830 y 1850, con su capacidad de consumir hierro y acero que —medida con el patrón del tiempo— resulta ilimitada [49]. En 1830, año de la inauguración del ferrocarril Liverpool-Manchester la producción de acero británico oscilaba entre 600 y 700 mil toneladas, pero luego de la "locura" ferroviaria de la década 1840-1850 alcanzó (entre 1847 y 1848) los dos millones de toneladas. Todos están de acuerdo en que fueron los ferrocarriles el factor determinante del desarrollo de la siderurgia y el carbón, en este período.

¿Cuál fue la causa de esta explosión imprevista de las inversiones ferroviarias? En este caso no se puede suponer la previsión de las enormes ganancias y la demanda insaciable que provocaron el "despegue" del algodón, aun cuando entre 1830 y 1840, los beneficios potenciales de la revolución técnica fueron mejor comprendidos que en el siglo XVIII. Ni la demanda de transporte ferroviario (razonablemente previsible cuando las primeras inversiones masivas), ni las ganancias que se podían esperar, pueden explicar la pasión con la que el público de los inversores británicos se lanzó a la construcción de los ferrocarriles. Ni mucho menos puede dar cuenta de la perturbación mental que se apoderó de los inversores durante *booms* especulativos como la "locura ferroviaria" de las décadas de 1830 a 1850. En realidad, como es sabido, muchísimos inversores perdieron su dinero y, para la mayoría de los restantes, los ferrocarriles resultaron más bien una caja fuerte que una inversión lucrativa [50].

---

[49] Pero la urbanización de Gran Bretaña, y especialmente el desarrollo de Londres, proporcionaron un estímulo "consumidor" al carbón (para la calefacción doméstica, por ejemplo) suficiente para que la industria creciera y se preparara para una demanda aun mayor. Además, las minas de carbón fueron, técnicamente hablando, la cuna de los ferrocarriles (desarrollados originalmente para transportar el carbón).

[50] Todavía en la década de 1840 a 1850 se aceptaba que para apreciar el rendimiento de la inversión ferroviaria había que compararla

Disponemos verdaderamente de los lineamientos para una explicación de este proceso. Se reconoce, desde hace ya tiempo, que los ferrocarriles transformaron el mercado de capitales, creando una salida para los ahorros de las clases acomodadas y absorbiendo "la mayoría de los sesenta millones de libras esterlinas que cada año constituían el excedente de capital británico en busca de oportunidades de inversión"[51]. Pero ¿no sería razonable invertir esta afirmación y sostener que los ferrocarriles fueron *creados* por la presión del excedente que se acumulaba, ante la imposibilidad de encontrar una salida adecuada en las industrias ya existentes, que no estaban en condiciones de absorber nuevos capitales? La presión fue particularmente intensa en este período (como se admite por lo general) debido a que la alternativa más obvia, exportar los excedentes de capital, había sido temporariamente desalentada por las violentas experiencias padecidas por quienes invirtieron en América meridional y septentrional. Desde el punto de vista de los inversores, si los ferrocarriles no hubieran existido, habría sido necesario inventarlos. Pero todavía hay que averiguar si hubo otras alternativas (otro tipo de exportaciones de capital, inversiones edilicias, en astilleros, o industrias semejantes), como hay que estudiar todavía la capacidad para absorber nuevas inversiones de las industrias existentes, como las textiles[52]. Es así como se debe estudiar el ritmo y la naturaleza de la acumulación del ahorro; hasta qué

---

con la renta de los títulos públicos, considerada segura. Cfr. el *Railway Times* de 1843, citado en la tesis inédita de H. Pollins, *Railway Finance 1800-1875*, 1955, p. 160.

[51] L. H. Jenks, *The Migration of British Capital to 1875*, 1927, pp. 126-7.

[52] Pero un cálculo elemental puede hacer luz sobre el problema. A comienzo de la década de 1830-40, en Inglaterra y Gales existían mil hilanderías de algodón y el capital global invertido en la industria, según Baines, alcanzaba a 30 millones de libras esterlinas (*History of the Cotton Manufacture in Great Britain*, 1835). Suponiendo que esta cifra se hubiera duplicado al cabo de diez años, representaría una inversión media anual de 3 millones de libras esterlinas. Las inversiones ferroviarias entre 1833 y 1844, sin embargo, han sido calculadas en 50 millones de libras, que no incluyen el precio pagado por la tierra (R. C. O. Matthews, *A Study in Trade Cycle History*, 1954), y en la década 1840-1850 fue aun más alta.

punto fue absorbido por otros medios en períodos diferentes (por ejemplo, con la reinversión para expandir las plantas existentes, o fuera del ámbito de la industria) y otros problemas semejantes. Pero es probable que el camino más útil para estudiar la segunda etapa de la revolución industrial, que proporcionó una base adecuada de bienes de capital para la industria británica, sea el análisis de la acumulación de capitales combinado con el estudio de las exigencias del transporte.

Este análisis debería ayudarnos, además, a comprender el período secular de crisis que atravesó el capitalismo británico entre el fin de las guerras napoleónicas y el *boom* ferroviario, que se expresa no sólo en las aprehensiones y temores de los economistas y los hombres de negocios, sino también en las predicciones socialistas del inminente derrumbe del capitalismo. El hecho de que la expansión industrial haya sido en este período mucho más rápida que en el anterior o en el que siguió, y que la crisis fue finalmente superada, no debe inducirnos a pasarla por alto. De todos modos, la economía política debió convertirse en la "ciencia del pesimismo" ya que a los pobres sólo podía ofrecerles la perspectiva de la muerte por inanición, y a los ricos, un "estado estacionario"[53]. La caída de los precios y de las tasas de interés no hicieron nada por disipar estos temores[54]. Las perspectivas de expansión dentro de la estructura del primer "despegue", basado en el algodón, parecían declinar. Pero la acumulación de capitales que este mismo proceso había generado proporcionó los medios para superar esta situación. Cómo lo logró, es algo que debe ser estudiado todavía.

En este artículo me he limitado a presentar algunas cuestiones fundamentales de historia económica que se relacionan con el origen y desarrollo de la revolución industrial británica, a costa de desechar el análisis de muchos aspectos tradicionales del tema[55], como también

---

[53] Es significativo que mientras ni Smith (1776) ni J. S. Mill (1848) consideraban inminente este estancamiento secular, para James Mill y Malthus se trataba de un hecho seguro.

[54] Cfr. Matthews, *op. cit.*, pp. 129 y ss., para un tratamiento moderno de la caída de las ganancias en la industria del algodón.

[55] Por esta razón no he dicho nada de la discusión producida re-

de algunos problemas contiguos [56]. Se puede afirmar con tranquilidad que el interés por los orígenes y el desarrollo de la revolución industrial británica es mucho mayor hoy que en el pasado. Tampoco cabe duda de que estamos cada vez más cerca de una formulación clara del problema y, tal vez, de algunas hipótesis adecuadas, pero la discusión sigue siendo hoy nebulosa y oscura [57]. Espero que este ensayo pueda contribuir a hacerla un poco más transparente.

---

cientemente sobre el nivel de vida a comienzos del período industrial. Sobre este tema, cfr. E. J. Hobsbawm, "The British Standard of Living", *Econ. Hist. Rev.*, agosto, 1957; R. M. Hartwell, "Interpretations of the Industrial Revolution", *Journ. Econ. Hist.*, junio, 1959, y "The Rising Standard of Living", abril, 1961; A. J. Taylor, "Progress and Poverty in Britain", *History*, febrero, 1960; y S. Pollard, *Investment, Consumption and the Industrial Revolution*, 1958. Aunque estas discusiones han contribuido a rebatir lo que D. C. Coleman llamaba "la opinión neopanglossiana según la cual la revolución industrial no hizo mal a nadie", pocas cuestiones interesantes han surgido de ella.

[56] Especialmente el análisis del cambio social al comienzo del período industrial, y los numerosos estudios sobre el movimiento obrero.

[57] Cfr. la reseña de la conferencia sobre "los orígenes de la revolución industrial" publicada en *Past & Present*, 17 (1970).

*NOTA DEL EDITOR*

Los trabajos incluidos en el presente volumen fueron tomados y traducidos de las siguientes publicaciones:

"The General Crisis of the European Economy in the 17th Century", *Past and Present*, N° 5, mayo 1954, p. 33 y N° 6, noviembre 1954, p. 44. Traducción de ENRIQUE TANDETER.

"The Seventeenth Century in the Development of Capitalism", *Science and Society*, vol. XXIV, N° 2, 1960, p. 97. Traducción de OFELIA CASTILLO.

"Le origini della rivoluzione industriale britannica", *Studi Storici*, N° 3-4, julio-diciembre 1961, p. 496. Traducción de OFELIA CASTILLO.

impreso en mar-co
prol. atrio de san francisco 67
cp. 04320 - méxico, d.f.
un mil ejemplares y sobrantes
8 de junio de 2000